第44回
（令和５年度）

海外子女文芸作品コンクール

地球に学ぶ

海外子女教育振興財団

第44回 海外子女文芸作品コンクール

最終審査会／令和五（二〇二三）年九月二十二日
主　催／公益財団法人 海外子女教育振興財団
後　援／外務省
　文部科学省
　日本放送協会
協　賛／公益財団法人　ＪＦＥ21世紀財団
　東京海上日動火災保険　株式会社
　日販アイ・ピー・エス　株式会社
　一般財団法人　日本児童教育振興財団
　クラーク記念国際高等学校
　株式会社　アイ　エス　エイ
　株式会社　早稲田アカデミー
　サピックス・代ゼミグループ

▼最終審査会の様子

「選考者」一覧

（順不同・敬称略）

▼本審査員

八木幹夫　詩人（「詩」の部）
谷岡亜紀　歌人（「短歌」の部）
髙柳克弘　俳人（「俳句」の部）
宮地敏子　児童文学者
大越邦生　元アグアスカリエンテス日本人学校　校長
大滝一登　文部科学省
佐藤勝司　公益財団法人　JFE21世紀財団
金子昌弘　東京海上日動火災保険　株式会社
村上雅史　日販アイ・ピー・エス　株式会社
三浦高志　一般財団法人　日本児童教育振興財団
田中靖夫　クラーク記念国際高等学校
平田敏之　株式会社　アイ　エス　エイ
田畑　康　株式会社　早稲田アカデミー
島村幸明　サピックス・代ゼミグループ
浅原　賢　公益財団法人　海外子女教育振興財団

▼詩　予備審査員

八重澤勇一　元サンディエゴ補習授業校　校長

▼作文　予備（第一次・第二次）審査員

江口俊昭　元ロンドン補習授業校　校長
大越邦生　元アグアスカリエンテス日本人学校　校長
岡山真崇　長久手市立北中学校　校長
小林寿美　足立区立第四中学校　主幹教諭
滝　多賀雄　全国海外子女教育・国際理解教育研究協議会　会長
八重澤勇一　元サンディエゴ補習授業校　校長
山崎千晶　横浜市立港南台第一中学校　教諭
山下　亮　元船橋市立高根東小学校　校長

地球に学ぶ

目次

第44回 海外子女文芸作品コンクール

▶目　次（「詩」の部）

▶目　次（「詩」の部・「短歌」の部）

「俳句」の部　91

▶目　次（「短歌」の部・「俳句」の部）

▼「佳作入選者」一覧

《小　五》

西野玲佳　上海日本人学校（虹橋校）

金田樹季　上海日本人学校（虹橋校）

馬庭麻耶　上海日本人学校（浦東校）

栗田美怜　上海日本人学校（浦東校）

山口ゆい　ホーチミン日本人学校

マトスキー仁心良　アムステルダム補習授業校

久保諒輔　ニューヨーク日本人学校

佐久間まゆ　ニューヨーク育英学園サタデースクール（NJ校）

阿部礼葦　個人応募（大韓民国在住）

大矢萌絵　シラチャ日本人学校

鈴木結愛　シラチャ日本人学校

金丸仁紀　オークランド補習授業校

三浦千鶴　デュッセルドルフ日本人学校

大野一心　ラスベガス補習授業校

《小　六》

川口俊太郎　ストックホルム補習授業校

髙橋應介　シラチャ日本人学校

ウィリアムス健蔵　ウェールズ補習授業校

三本英奈　上海日本人学校（虹橋校）

平澤　龍　パリ日本人学校

《中　一》

白井奏伍　イスラマバード日本語クラブ

丸井恭子　ムンバイ日本人学校

生方ジュピ　カンタベリー補習授業校

時任幸之助　プノンペン日本人学校

《中　二》

蒲　理奈　青島日本人学校

蒲　初音　青島日本人学校

佐久間ここ　ロサンゼルス補習授業校（トーランス校）

勝田拓海　ロンドン補習授業校

《中　三》

前田悠志　バルセロナ日本人学校

平田朝陽　ホーチミン日本人学校

小橋利夫　リスボン補習授業校

角谷晏伶　ペラ補習授業校

鈴木豊久　マイアミ補習授業校

▶目　次（「俳句」の部・「作文」の部）

「作文」の部

▼優秀作品

《小　一》

『かけがえのない木』　ボストン補習授業校　今田心乃

《小　二》

『新しい家でお手つだい』　個人応募（ニュージーランド在住）　大木丈慈

『ちきゅうのまわりの学校生かつ』　アデレード補習授業校　太田直希

『わたしのカタカナ日記』　ヒューストン補習授業校　倉橋亜子

『夏休みカウントダウン』　オタワ補習授業校　東村　萌

『ぼくの弟はカナダ人で日本人』　オタワ補習授業校　曽根拓真

《小　三》

『初めてのクラブ活動』　クリーブランド補習授業校　橋場　慎

『日本とカナダ、国境を越えて』　トロント補習授業校　岸田羽衣月

『自力組のみなさん、ありがとう。』　ソウル日本人学校　桑原りん

『毎日聞かれる昼食』　ニューヨーク育英学園サタデースクール（ポートワシントン校）　梅舘小葉音

《小　四》

『モチベーションの原石』　ダービーシャー補習授業校　エルゴザミィ ジェイク

『私の大好きな日』　カンタベリー補習授業校　篠原眞弥

《小　五》

『大好きなカブトガニ』　ニューヨーク育英学園サタデースクール（ＮＪ校）　佐久間まゆ

『小さな学校で学んだこと』　キャンベラ補習授業校　テイラー恵真

『難民と避難民』　デュッセルドルフ補習授業校　菊田樹里

《小　六》

『私のヒーローはお父さん⁉』　サンパウロ日本人学校　熊野花音

『みたらし団子と世界』　サンフランシスコ補習授業校（サンノゼ校）　長谷川　桜

『ぼくのふるさと』　香港日本人学校大埔校　早船誠太

▶目　次（「作文」の部ほか）

第44回　海外子女文芸作品コンクール

「学校賞」受賞校一覧

▼アスンシオン日本人学校（パラグアイ）
▼イーストテネシー補習授業校（アメリカ）
▼イスラマバード日本語クラブ（パキスタン）
▼オークランド補習授業校（ニュージーランド）
▼オタワ補習授業校（カナダ）
▼カイロ日本人学校（エジプト）
▼カンタベリー補習授業校（ニュージーランド）
▼サンパウロ日本人学校（ブラジル）
▼ジッダ日本人学校（サウジアラビア）
▼上海日本人学校（浦東校）（中華人民共和国）
▼ジュネーブ補習授業校（スイス）
▼STUDIO.S日本語教室（ニュージーランド）
▼ティルブルグ補習授業校（オランダ）
▼デュッセルドルフ補習授業校（ドイツ）
▼トロント補習授業校（カナダ）
▼ニューヨーク育英学園（全日制）（アメリカ）
▼ニューヨーク育英学園アフタースクール（アメリカ）
▼ニューヨーク育英学園サタデースクール（NJ校）（アメリカ）
▼ニューヨーク育英学園サタデースクール（マンハッタン校）（アメリカ）
▼パナマ日本人学校（パナマ）

（二十校、五十音順）

《学校賞の趣旨》

学校賞は、『海外子女文芸作品コンクール』において優秀な成績をあげた日本人学校、補習授業校や、生徒数に比して多数の応募のあった学校に対し、その栄誉と努力を表彰するため、第七回コンクールから設けられたものである。

第44回 海外子女文芸作品コンクール

「詩」の部

「詩」の部
総評

『平和を願う―こどもたちの柔軟《じゅうなん》なこころで世界と手をつなぐ―』

八《や》木《ぎ》幹《みき》夫《お》（詩人）

毎年、この海外子女文芸作品コンクールの選考をする時期、八月初旬は日本全国で平和の祈りとして八月六日（広島）、八月九日（長崎）に、亡くなった方々への追悼《ついとう》会が行われます。核兵器の怖ろしさは一瞬のうちにたくさんの生命を無にしてしまったことです。キノコ雲が市民の日常を抉《えぐ》り取り、数千度の熱風で焼き焦《こ》がし、石段にはニンゲンの影が焼き付けられました。この悲惨さは人類の歴史上、決して風化《ふうか》させてはなりません。原子爆弾《げんしばくだん》はニンゲンを物以下の存在にしてしまったのです。選者の私は戦後生れですが、物心ついた頃には、戦争の痕跡《こんせき》は消えて日本は経済成長を謳《おう》歌《か》する国に変化しました。

現在、皆《みな》さんの父上や母上が世界各国で日本のために働いてくださっていますが、今までのような金儲《かねもう》け主義とは違う空気が日本企業の中にも芽生えてきました。その国の経済発展をともに支え合う独自の産業支援が行われるようになったのです。海外子女の皆さんの作品にもそうした変化が見られます。自分が今滞在している国との懸《か》け橋になりたい。言葉を覚え、土地の人々の力になりたい。目の前の困難を乗り越え、日本だけでなく世界人として生きたい。動物や人間との調和や自然と人間の共生《きょうせい》を考えたい等々。

皆さんの夢は直前にある現実をしっかりと踏《ふ》まえて確実に前進しています。手嶌華菜さんの『**たった一つの命**』（文部科学大臣賞）は自然の中の生き物たちと人間との共生を描いたものです。人間がこれ以上自然破壊をしないこと、森の生き物と共に生きていくことの大切さを歌いました。浦田悠仁さんの『**WBC**』（海外子女教育振興財団会長賞）は決勝戦まで活躍《かつやく》したヌートバー選手に焦点《しょうてん》をあて、日本人とアメリカ人とのあいだに生まれた彼が日本チームの代表として活躍したことを誇《ほこ》りとしました。ここには人種間の偏見《へんけん》など見られません。平和を祈るという作品では福壽乃映実さんの『**みんな　なかよし**』（受賞作品）が象徴的《しょうちょうてき》でした。スイスのレマン湖で泳ぐ鵞鳥《がちょう》や白鳥の親子の姿から、国籍の違いをこえたクラスの仲間の姿を重ねます。中島凛香さんの『**りんかチャンネル**』（特選作品）では小学二年生の大きな夢がふくらみます。ＰＣ上で世界中の人々とつながるチャンネルが開設されます。廣田陽恒さんの『**まほうのじゅもん**』（受賞作品）では自由な学校のユニークな先生が登場。魔法使《まほうつか》いのような先生ですね。何があっても動じない。魔法の呪文《じゅもん》で困難を乗り越えてしまう。新しい学びの姿です。ムワバ有沙さんの『**ユニコーンを飼う方法**』（受賞作品）は読んでいてふと、人類が滅ぼしたまぼろしの動物のことを考えさせられました。絶滅《ぜつめつ》しかけている動植物は今でも無数にあります。手嶌美緒さんの『**地球の仲間**』（受賞作品）もお互いの信頼関係《しんらいかんけい》をさまざまな人々との交流を通して結ぼうとするものです。皆さんの作品が大人たちに本当の協調《きょうちょう》と平和とはなにかを教えてくれました。

「詩」の部　受賞作品

▼文部科学大臣賞

『たった一つの命』

トロント補習授業校（カナダ）
小五　手《て》嶌《しま》華《か》菜《な》（海外滞在年数二年）

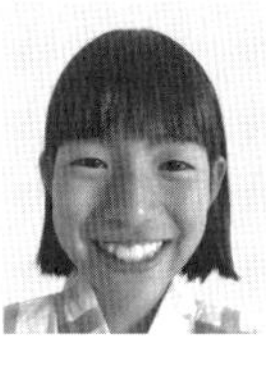

わたしには命がある
生きているから　命があるから
木のぼり　なわとび　楽しい遊びができる
思うままに動くことができる

四月のカナダは　冬の大量に積もった雪が
少しずつとけ始める
長い間氷だった川もとけ出す
日の光を体じゅうに浴びると
なんて気分がいいのだろう
わたしは　太陽の力の大きさにおどろく
うれしくて外へとび出ると
とてもいっぱいさえずりが聞こえてくる

命いっぱいのさえずり　チカディーは
ピールディディー　すき通る　美しい声
ロビンはみみずをいっきにまる飲みだ
大きな川の近くをどんどん歩くと
しばふかと思ったら
コモンガーターヘビが親子で集まり
仲良くひなたぼっこ
鹿の親子が食べ物をさがしに
とつ然目の前に顔を出した
りっぱな角を持った　父さん鹿と
思わず目が合った
とっさに　わたしは全速力で走った
ここは動物園じゃないと　本気のダッシュ

＊（　）内は滞在国・地域を表し，アメリカ合衆国については州名を記載。
海外滞在年数は2023年７月現在の年数を記載。

心ぞうがバクバク　バクバクした
自然の中でくらす生き物は
なんてたくましいのだろう
食物連さの中で　必死に生きている

人間のわたしは　安全で守られた家で
くらしていることを思い知った
人間はこんなにも弱い
人間は弱い命を守るため
知えをつけて　月日をかけて
山をけずり　森を切り開き
不便なくらしを
次つぎに　くらしやすくしたのだろう
しかし人間が
たくさんの自然をこわしたせいで
地球のあちらこちらで
空気や水がよごれ　温度が上がり
生き物が　くらしにくくなっているようだ
カナダの生き物が教えてくれた
生き物は命をつなぐために必死で生きている

生きるために　必要な自然を
残していくことが
これからの命を続けていく
わたしたちのやるべきこと
自然をこわし続けたら
つながれている　命も消える
人間も自然の中で育てられていること
わすれてはいけない
この気持ちは　カナダで学んだ
わたしの大切な思い
たった一つの命　大切にしたい

評　命の大切さを誠実にみつめた優秀な作品。冬から春の森。チカディー（日本のシジュウカラの類）のさえずりを聴《き》きながらコモンガーター蛇や鹿の親子の姿を見て、華菜さんは自然の生物たちが懸命に生きていることを知りました。さて、この動物たちが自然の中で生かされているように人間も実は自然の中で生かされているのだと華菜さんは気付《きづ》きました。命の食物連鎖《しょくもつれんさ》。地球の温暖化も含めて命についての真剣な考え方が表現されています。

▼海外子女教育振興財団会長賞

『WBC』

イーストテネシー補習授業校
（テネシー州）
小三　浦《うら》田《た》悠《ゆう》仁《じん》
（海外滞在年数八年八カ月）

ぼくは、マイアミにあるローンデポ・パークスタジアムにWBCの決しょうせんを見に来ている。ホームチームのアメリカとたいせんだ。

「ヌー‼」
「ヌー‼」

スタジアムにブーイングがひびきわたった。よく聞いてみると、ブーイングではなかった。日本だい表のヌートバーせん手の登場だ。ヌートバーせん手が登場すると、みんな「ヌー」とさけんでおうえんしている。

ヌートバーせん手は、お母さんが日本人でお父さんがアメリカ人だ。ヌートバーせん手本人はアメリカ人だけど、日本のチームでプレーをすることをえらんだ。日本の血が半分入っていることをほこりに思ってるんだって。日本語はしゃべれないけど、きみが代を歌えるようにがんばっておぼえたらしい。今ではチームのムードメーカーになって大活やくしている。

そして、日本はゆうしょうしたよ‼
本当にすごい‼

ぼくは、今、マイアミに来てる。そして、ヌートバーせん手から目の前でゆう気をもらった。アメリカの学校のクラスでは日本人はぼく一人だけ。でも、クラスメイトたちはみんななかよくしてくれる。クラスの中でぼくもムードメーカーになれるように、明日からヌートバーせん手のようにがんばりたいな！

評　ヌートバー選手の活躍《かつやく》は大谷翔平選手と共にＷＢＣの歴史の中でも記憶に残るものとなりました。日本人の母とアメリカ人の父の血が流れている野球選手。今では世界がさまざまに交流し、人種間の距離もちぢまってきました。スポーツの世界はいちはやくお互いの壁を取り除き、私たちに差別のない自由な世界を見せてくれました。日本人であることの誇り。世界人であることの自由をＷＢＣは教えてくれました。勇気をくれる作品です。

▼日本放送協会賞

『まほうのじゅもん』

サンフランシスコ補習授業校
（カリフォルニア州）
小二　廣《ひろ》田《た》陽《はる》恒《ひさ》
（海外滞在年数四年四カ月）

ぼくの学校には
きょうか書がない
じかんわりもない
先生はぼくたちにきいた
「今からなにをする？」
「ＣＰにしよう」とぼくたち
ＣＰはブロックをしたり
絵をかいたりするじかん
みんながいそいで
せきを立ったら
先生は言った
「あわてない、あわてない
じかんはたっぷりある」

さく文のじかん
スペリングをまちがえた
先生が言った
「あわてない、あわてない
すこしずつおぼえよう」

えん足の日
雨がふった
ほかのクラスは
えん足に出かけた
ぼくのクラスは
行くのをやめた
先生は言った
「あわてない、あわてない
晴れた日にまた行こう」

「詩」の部▶受賞作品（小２）

二年生さいごの日
先生はぼくたちに
せいせきひょうを
わたすのをわすれた
ぼくはまほうのじゅもんを
思い出した
「あわてない、あわてない」
三年生になるまで
じかんはいっぱいあるから
だいじょうぶだよ、先生

評　「ぼくの学校には教科書がない」と言われて驚くのは日本の学校の生徒でしょう。陽恒さんの学校の先生は時間割もなく、お天気の変化で予定が変わっても「あわてない、あわてない。」と悠然《ゆうぜん》としている。この言葉は魔法の呪文《じゅもん》なのだ。どんな時でも、あわてない。生徒に学期のおわりの成績表を渡すのも忘れてしまうほどなのだ。いい先生ですねえ。ここには生徒と先生の深い信頼関係《しんらいかんけい》があり、本当の学びの原型があります。

▼JFE21世紀財団賞

『みんななかよし』

ジュネーブ補習授業校
（スイス）
小一　福《ふく》　壽《じゅ》　乃映実《のえみ》
（海外滞在年数六年九カ月）

レマンこでスイスイおよぐ
がちょうとはくちょうのおやこ
がちょうのあかちゃん1わ
はくちょうのあかちゃん5わ
みんなで8わのおさんぽ

しゅるいがちがってもおともだち
「おさんぽおさんぽたのしいな」
きっとこんなことをはなしている

わたしのがっこう7にんクラス
スイス、ブラジル、イタリア、フランス、ポル
トガル、
コロンビア、にほん

こくせきがちがってもおともだち
みんなでなかよしなかよし

せかいじゅうのこどもたち
なかよくなれたらたのしいな

評　スイスのレマン湖で泳ぐ鵞鳥《がちょう》と白鳥の親子。乃映実さんは種のちがいがあっても仲良く湖をお散歩する鳥の姿に自分の学校にいる仲間のことを思いました。スイス、ブラジル、イタリア、フランス、ポルトガル、コロンビア、日本。それぞれ国籍の違いがあっても鵞鳥や白鳥の子供のようになかよしこよし。友情や平和とはこうした静かな湖の上でそだっていくのでしょう。乃映実さんの美しい祈りが世界に届くといいですね。

▼東京海上日動火災保険賞

『ズドン　チャン　ズドン　ジャン』

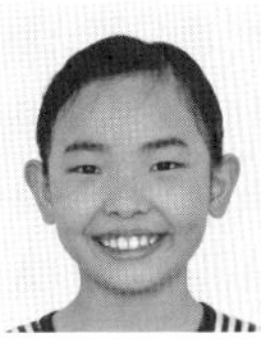

デュッセルドルフ日本人学校
（ドイツ）
小三　小田島《おだしま》　留《る》理《り》
（海外滞在年数九年三カ月）

ズドン　チャン　ズドン　ジャン
パパッパー　パパパパパー

まち角をまがると
いろんな音が聞こえてくるぞ

ズドン　チャン　ズドン　ジャン
パパパパパ　パーン　パプーン

まち角をまがるたびに
いろんな楽器が見つかるぞ

トロンボーン　ピアノ　トランペット
ギター　コントラバス　シンバル

いろんな楽器の音が聞こえるなあ
音がかさなると　体にしん動が来る

ズドン　チャン　ズドン　ジャン

わたしのまちで一年に一回開かれる
ジャズ・ラリー

みんなが道のまん中でおどってる
いいのかなあ？
でも　楽しそう！

おばあちゃんとおじいちゃんが
うれしそうに手をつないでおどってる
わたしもお母さんも　おどったよ
お兄ちゃんもお姉ちゃんもお父さんも

＊次ページへ続く。

高い音に　心がもり上がる
ひくい音が　体にひびく

ビールをはこんでるおじさんが
わたしににっこりわらってくれた

「楽しんでるかい⁉」
「うん！」

心のルンルンを
どうひょうげんしたらいいんだろう？

ズドン　チャン　ズドン　ジャン

おうちに帰って来ても
頭の中で　音楽がまだながれてる

ズドン　チャン　ズドン　ジャン

音楽っていいなあ
気もちが体からあふれ出てくる

ズドン　チャン　ズドン　ジャン

評　デュセルドルフのジャズ・ラリー。街中が沸《わ》き立って老いも若きも踊り出す。まるで日本の夏の阿《あ》波《わ》踊《おど》りみたいですね。日本と違うのは楽器の種類。街角を曲がるたびにいろんな楽器の音。「心のルンルンを　どうひょうげんしたらいいんだろう？」タイトルの音が留理さんの心を充分《じゅうぶん》あらわしています。ビールを運んでいるおじさんがにっこり。祭りはどこの国の人々の心もふるわせてくれるのですね。家に帰っても、まだ鳴り響く音楽。

▼日販アイ・ピー・エス賞

『君はもういない』

オタワ補習授業校
（カナダ）
小四　曽《そ》根《ね》　あやめ
（海外滞在年数六年三カ月）

家のうらの森の中
四つんばいで
黒いふかふかのおしり
顔は見えなかったけど　すぐにわかった
君がだれかを

君から走って　すぐにげた
こわかったから
でも君に会ったこと
じまんしたんだ
だれにもしんじてもらえなかったけど
ほんとのこと

冬がきて
しばらく君のこと　わすれてた
雪がとけて　ニュースで君を見た
やっぱり近くにいたんだね
うれしかった
また会えるかな　春のおとずれとともに
そう思ったんだ

だけどある夜
パンパンパン
その音でわかってしまった
君がいなくなったこと

＊次ページへ続く。

いたかったね
つらかったね
もっとあそびたかったね

私は君のこと　わすれない
カナダの森で出会った
くまと私の想い出

評　熊に出会えるような自然豊かなカナダ、オタワの町。あやめさんは或《あ》る日、家の裏の森で偶然《ぐうぜん》、熊に出会った。誰に言っても信じてもらえなかったけれど。ある夜、銃声《じゅうせい》が聞こえた瞬間《しゅんかん》、「君」がこの世界から消えてしまったことを知りました。人間と動物の共生が世界中どこでも問題になっています。あやめさんの詩を読むと、真剣《しんけん》に人間以外の動物との調和を考えるべき時が来ていますね。熊だけの問題ではありません。

▼日本児童教育振興財団賞

『地球の仲間』

トロント補習授業校（カナダ）
中一　手《て》嶋《しま》美《み》緒《お》
（海外滞在年数二年）

私は平和を作りたい　仲間と平和を築きたい
平和って　あたり前にある
そんなわけじゃないと
日本から離れて　気が付いた

日本にいるひいおばあちゃんが
私が小さい頃に話してくれた
いつもにこにこ笑顔のひいおばあちゃんが
あの時は　悲しい顔をして
あなたと同じ年の頃
防空ごうににげたのよと
日本から離れて　その言葉の意味を知った

ここアメリカ大陸は
一人一人の意見を大切にし　自由を尊重する
大らかで　のんびりとした土地　その反面
じゅうにより学校が危険にさらされる
辛い事件が　たびたび身近に起こる
なぜ　安全とされる学ぶための学校が
危険にさらされるのだろう

私は社会の授業で　日本の憲法を学んだ
昔の人が辛い思いをした後に　作り上げた
大切な平和になるための約束
私一人は　たった一人の人間だけど
友達と集まると　大きな働きができる
私は平和を作りたい　仲間と平和を築きたい
私はクラスの中でたった一人の日本出身者
カナダ　アメリカ　メキシコ　インド
セルビア　オーストラリア出身者
さまざまな出身地や人種の子がクラスの仲間
先生も同様だ　まるで小さな世界のよう

＊次ページへ続く。

食べる物や考え方　宗教の違いで
時に理解するのが難しいこともある
しかし　その厚い壁を　乗りこえようと
友達と話し合う
共通語を使って　おたがいが歩み寄る
日本から離れて　気が付いた
日本語という母国語は　私の心

そして外国語を学ぶ大切さを実感し
一つずつ　壁を乗りこえていくことは
こんなにも大切なことだったのだと
こんなにも嬉しい気持ちになるのだと
まだ思うように発音したり書いたりできない
でも　友達のように話したい
もっと上達したいと
今　心から強く思える

毎日　おたがいの時間を共にし
その時間が積み重なって
仲間とつながり　深いきずなが生まれる
私はこんな平和が大好き

平和な世の中を作るため
私は今日も元気に学校へ出発する
おたがい寄り添い
はげまし合い　笑い合って
地球の仲間と平和を築いて行きたい

評　題名が示すように地球上にいる人々はみんな仲間。でも場所によっては今も紛争《ふんそう》の絶えない国々がある。祖母《そぼ》から教えられた昔の話では美緒さんと同じ年齢のころ、爆撃《ばくげき》から逃れるために防空《ぼうくう》ごうに逃げたという。美緒さんは学校でさまざまな人種の仲間と会話をする。共通語は英語。意見交換するたびに解ってくる相手の考え。平和を築くとは意見の違いを互いに認め合い、絆《きずな》を結ぶことだと美緒さんはいいます。平和への第一歩です。

▼クラーク記念国際高等学校賞

『猫天国』

チカラン日本人学校
（インドネシア）
中一　木《きの》下《した》蒼《あお》唯《い》
（海外滞在年数三年八カ月）

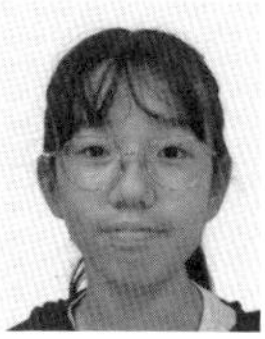

猫天国
道を歩くと猫がいる
高い所や低い所、海の近くや山の中にも
人がいるところに猫がいる
人と猫が共生している

猫天国
猫が近くに来ると、ご飯をくれる
インドネシアの人はやさしいなぁ
日本では見なかった景色
猫を身近に感じる　インドネシア
猫を知った　好きになった

猫天国
悲しい事もあった
猫カフェの猫たちは
モフモフでいつでもご飯が食べられる
でも、外で暮らしている猫たちは違う
私が今まで見てきた猫たちは「のら猫」
同じ猫なのに違う　どうしてだろう

猫天国
どちらが幸せかは分からないけど
壁を一枚はさむだけで　全然違う世界
海をはさんだ日本とインドネシアに似てる
だけどやっぱり違う

＊次ページへ続く。

猫天国

今までずっと猫の写真を、ずっと撮り続けてきた
外で生きる猫はかっこいいから好き
猫カフェの猫は、癒してくれるから好き
インドネシアの猫や好きな事なんて語り尽くせないけど
やっぱりインドネシアは猫天国

評　インドネシアの人々は国全体が猫に優しいのかもしれません。選者の私は以前、猫が好きではありませんでしたが、飼ってみると一気に考え方が変わりました。今では足元にすり寄ってくる猫にめろめろです。蒼唯さんはインドネシアの家猫と外猫の境遇《きょうぐう》の違いに思いを寄せていますが、猫は意外に環境に順応《じゅんのう》しやすい動物です。よく見ていると猫は気ままです。餌をもらってもプイとお礼も言わずに立ち去る。そういうところもいいですね。

▼アイ エス エイ賞

『雨　男』

上海日本人学校（浦東校）
（中華人民共和国）
中一　碇《いかり》　琥《こ》　博《はく》
（海外滞在年数十二年一カ月）

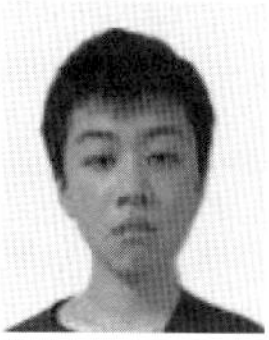

前の学校に「雨男」がいた。

どういうことかって？　そのままの意味だ。

その子は突然やってきた。ほんとに急だった。

普段は何のへんてつもない子だ。

でもその子がなみだを流せば話は変わる。

その時、雨がふった、小雨だった。

でもびっくりした。だっていっしょにふったんだもん。最初はぐうぜんだと思った。

だけどちがった。その次もまたその次もふるもんだからみんなびっくり。その子を雨男、そうよんだ。

　その子はかえることになった。

かなりショックだ。だって友達だったから。ある日クラスメイトが「雨男のお別れ会をしよう。」そういった。

そうして僕らはどんどん準備をすすめた。

そしてお別れ会当日。大成功だった。

でも僕はふしぎだった。

その日その子はなくのを全力でこらえていた。

僕が「なんでなくのをこらえたの？」ときいた。

そしたら彼は「せっかく君らが用意してくれたのにないて雨をふらせたら台無しじゃないか」だって。その時僕は思った。

　そのこは世界一やさしい雨男だと。

そして彼はいってしまった。

でも今でも忘れてない。だって一番の友だから。

評　宮澤賢治《みやざわけんじ》の童話《どうわ》に「風《かぜ》の又三郎《またさぶろう》」というお話がある。田舎《いなか》に転校生《てんこうせい》がやってくるのですが、森が騒ぐように風がいつも吹くのです。この雨男も琥博さんにとっては上海《しゃんはい》で出会った大切な友人。彼が泣くと雨がふる。ふたたび転校していく雨男のための「お別れ会」。彼は涙をこらえて泣かなかった。理由を聞くと、用意してくれた会を雨で台《だい》無《な》しにしたくなかったからと答えました。雨男の本当のやさしさが琥博さんの胸にぐっと来ます。

▼早稲田アカデミー賞

『ユニコーンを飼う方法』

イスラマバード日本語クラブ
（パキスタン）
小三　ムワバ　有《あり》　沙《しゃ》
（海外滞在年数三年七カ月）

ユニコーンは本当にいた。
昔どこかの国に住んでいた。
肌は白く、頭には一本の角
魔法が使えて、塩水にさわると死ぬ。
昔々ユニコーンが初めて人間にあった時
友達になれると思い魔法を使わなかった。
人間はユニコーンを危険と思った。
角を切ってその国をほろぼしてしまった。

でも私は信じている。
まだ今もユニコーンは生きていると。
パキスタンの森の中に住んでいる。
角を光らせて合図をくれるはず。
絵本の物語のように。

車の荷台にユニコーンをかくして
家につれてかえって
秘密のペットにしたい。
名前はレインボー。
エサは日本のヨーグルト。
夜はベッドでいっしょにねて、
昼は魔法で人間の姿にする。
学校で先生に転校生だと紹介したい。
親友のビーンズにだけは正体を教える。
夏休みはいっしょに飛行機に乗って、
日本やオーストラリアにつれて行きたい。
ビーチで海の水にぬれないように
砂場でいっしょに遊んであげる。

ユニコーンをさがしに行く前に
友達と乗馬に行ってみた。
白い馬にレインボーホースと名づけて
よしよしよしとなでてみた。

十二月の私のたんじょうびを
ユニコーンといっしょにすごしたいから
ハロウィンの頃には森に探しに行くつもり。

評　ユニコーンを飼う発想《はっそう》がまず面白い。ユニコーンは白馬に角をはやした一角獣《いっかくじゅう》。ギリシャ神話に登場する伝説上の生き物。有沙さんは人間が滅《ほろ》ぼしてしまったユニコーンをこっそり飼う計画を立てました。名前はレインボー。学校では転校生に変身させ、餌にはヨーグルトを与え、海水に濡《ぬ》れないように遊んであげる。さて、十二月の有沙さんの誕生日にはユニコーンに出会えたかな。人間が絶滅させたなんという多くの幻《まぼろし》の動物たちよ。

▼サピックス・代ゼミグループ賞

『ロンドンをかけぬけた一瞬に』

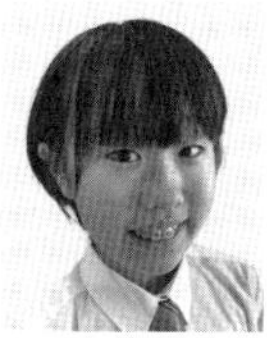

ロンドン補習授業校
（イギリス）
小六　塚《つか》原《はら》彩《あや》乃《の》
（海外滞在年数六年一カ月）

ロンドンの大空へ
ビッグベンの大空へ
ロンドンアイの大空へ

空をかけぬけた瞬間
街全体が一つになったかのように
静まる
静まりかえる
テムズ川のような
おだやかな目で見つめられ
ほほえむ

せんさいで
美しい
ロンドンの時計台
何十万
何百万もが
乗ったロンドンアイ
そしてぼくらによって
照らされるであろう
ロンドンの街並み

仲間との別れを決めた瞬間
街全体が一つになったかのように
歓声がなりひびく

「詩」の部▶受賞作品（小6）

ぼくらの火の花びら
カラフルで整列された花びら
街の歓声を生んだ花びら

それが
まいちり
真っ暗になってしまった大空に
迷いこむ

一瞬で
年老いてけむりになる
ぼくたちからの小さなプレゼント
そして大きなメッセージ

あけましておめでとう
ロンドン

評　観覧車《かんらんしゃ》ロンドンアイや時計台ビッグベンからの大空。街の光景がくっきりと見えます。ここでいう「ぼくら」とは大空に飛び散る花火のことなのでしょう。比喩《ひゆ》で表現されていますが、ロンドンの新年にふさわしい花火。今まで親しんできたロンドンがまた別のかたちで見える。打ち上げられ、一瞬の沈黙《ちんもく》と一瞬の歓声。彩乃さんの新たな出発を祝福するように花ひらく。花火に映《うつ》しだされる街並みの美しさ。あけましておめでとう、ロンドン。

「詩」の部　特選作品

『りんかチャンネル』

グアダラハラ補習授業校（準全日制）（メキシコ）小二　中《なか》島《じま》凜《りん》香《か》
（海外滞在年数四年）

わたし
ユーチューバーになります。
りんかチャンネルはじめます。

はじめはきっとはずかしい。
でも
あとからライブの人みたいになれてくるので
あんしんです。

うたいたいのはアイドルと
ダンスホール
でもオリジナルきょくも
考えています。

だからライブデビューは
かんたん
らくにできると思います。

ユーチューバーは
本名を出しちゃだめなの。
どうがようと
チャンネル名
グループ名きめて、
へんしゅうをし、
カメラも回し、
メイクもして、
大へんだけど、
アイドルになるために
がんばりたいと思います。

ほしゅう校とアメリカンスクール、
バレー、ピアノの友だち
みんなに
とうろくしてほしいです。
こんなかんじのアイコンを見つけたら、
ぜひチャンネルとうろく、
グッドボタンも
クリックしてね。
ライブはいしんきてほしい。

ここメキシコ、
パパの日本、
ママの中国、
友だちのブラジル、インド、ＵＳＡ、
そして
よこはま、さい玉、こうべ、とうきょう、
せかい中に知られ
せかい一のユーチューバー

むずかしいことばは
べんきょうします。
しっぱいしながら
がんばります。
わたし、がんばります。
りんかチャンネル
いつか見つけてください。

評　ユーチューバーを目指《めざ》している凜香さんは「りんかチャンネル」を開設しようと今から計画しています。メキシコから発信して世界につながる活動は壮大《そうだい》ですね。オリジナル曲やチャンネル名、グループ名等を作成。夢は次々にふくらんでいく。選者の少年時代には考えられなかった可能性がＰＣの上では広がっています。日本と中国だけではなく、すべての人種を巻き込んで登録される凜香さんの夢に皆さんも協力してあげてください。

『にわとりのヘニーペニー』

カンタベリー補習授業校（ニュージーランド）小四　篠《しの》原《はら》眞《ま》弥《や》
（海外滞在年数九年十カ月）

にわとりのヘニーペニー
フランクさんと二人ぐらし
大きなお庭にたった一羽
前庭ファーンのレインフォレスト
今日も「こっこ　こっこ」ゆうがにおさん歩

春はさくらの木の下　ゆっくりお昼ね
にわとりのヘニーペニー
さいしょは六羽で住んでいた
チキンクープに住んでいた
ツンツン　プチプチ　ルームメイトにつつかれる
いじめられっこだったヘニーペニー
所々羽がぬけ　トサカもちょっとへんな形

夏は野さい畑のさくらんぼ　味見係上手だね
クリスマスには　チンゲンさいをプレゼント
にわとりのヘニーペニー
今では一番の長生き　女王様
もうたまごはあまりうまないよ
でもフランクさんのお気に入り
二人はいつも仲よく庭仕事
種まきの時だけは　少しお家で待っててね

秋はりんごが落ちるよ　頭に注意
イースターには　カラフルなたまごをうんでくれるかな
にわとりのヘニーペニー
木曜日だけおる守番
フランクさんは大学のお仕事
パパとキャンパスでミートパイを食べるって

冬はつめたい空気が鼻にささる
にわとりのヘニーペニー
羽のセーター着ているみたい
大好物はフランクさんの手作りグラノーラ
ヘーゼルナッツにアーモンド　オーツ麦に細
切りココナッツ
ほんのりはちみつ味が美味しいね
ライスミルクをたっぷりかけて　いただきます！

毎週火曜日　フランクさんの算数教室
「ヘニーペニー　算数教室終わったよ！」
夕ぐれ前にさがしに行くよ
「もうねる時間」と教えてあげる

にわとりのヘニーペニー
今夜も大きなチキンクープにひとりきり
さみしくないかな？
一しょにねようか？
また来週も会いに来るね！

評　フランクおじさんと大きな庭に暮らす鶏《にわとり》のヘニーペニー。いじめられっ子だったヘニーペニーへの愛情がよく出ています。フランクさんも眞弥さんもみんなペニーが大好き。鶏の一日の行動が眞弥さんのリズミカルなテンポのよい描写《びょうしゃ》で生き生きと見えてきます。ペニーは自分がニンゲンの仲間だと思っているのかも。大好物《だいこうぶつ》の手作りグラノーラやヘーゼルナッツ、アーモンド、オーツ麦、細切りココナッツを食べて幸せな鶏です。

『今、何語?』

ワシントン補習授業校（バージニア州）中一　田《た》中《なか》詩《し》乃《の》
（海外滞在年数十二年六カ月）

Writing a poem in Japanese is hard.
と、英語で考えた

じゃあ、英語でだったら書けるかも?
でも、頭の中でいっぱいの
アルファベットはちらばったまま

やっぱり、何も書けない
と、日本語で考えた

わからない
　おてあげだ
　　もうやめた
　　　あきらめた
　　　　むずかしい
　　　　　しらないよ
　　　　　　こまったな
　　　　　　　できないよ

But at least I should try.
なんだか書けそうな気もする
と、英語で考えた

評　物事《ものごと》を考えるには人間は何語で考えるのだろう。一瞬、今わたしは何語で考えていたのか解らなくなる時がありますね。特に複数の国の言葉を同時的《どうじてき》に学んでいる皆さんの中には日本語、英語、中国語等の多言語感覚をもっている人が沢山《たくさん》います。詩乃さんは海外滞在歴が十二年以上。英語で自己表現をすることは充分《じゅうぶん》できるはずですが、ふと詩を書こうとして今、自分はどちらの言葉で考えているのか。実はここに詩の本質があるのです。

「詩」の部　優秀作品

『ふしぎなちがい』

ロサンゼルス補習授業校（トーランス校）（カリフォルニア州）小一　福《ふく》田《だ》花《はな》瑛《え》
（海外滞在年数四カ月）

ちがいを　たくさん　みつけたよ
よるは　はちじまで　あかるいよ
がっこうは　くるまで　おくってもらうよ
くるまは　みぎをはしるよ
いろいろなくにのスーパーが　あって
たべるものも　ちがうよ
がっこうは　くつをぬがずに　すごすよ
おともだちの　かみや　はだ　めのいろも
ひとりひとり　みんなちがう
おうちでつかう　ことばもいろいろ
みんなちがうけど　いっしょのがっこうで
あそんでる
ふしぎだけど　おもしろい
みんなちがうけど　みんなともだち

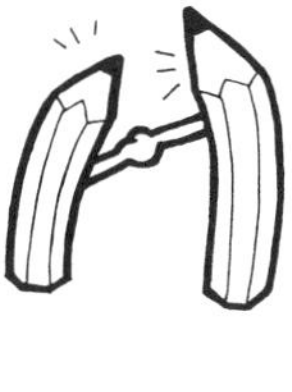

『アメリカ』

ハートフォード補習授業校（コネチカット州）小一　根《ね》岸《ぎし》綾《あや》華《か》
（海外滞在年数九カ月）

わたしがうまれたくに
アメリカ

すきなファーストフードてん
マクドナルド
にほんとちがって
ドリンクおかわりじゆう

すきなせんせい
たんにんのせんせい
ミス　ポトシキー
わたしにとってもやさしい
ベストティーチャー

すきなともだち
パトリック
やさしくてたすけてくれる
ベストフレンド
すきなばしょ
がっこう
アートルームとジム

すきなこと
ペインティングとたいそう
いろをつくるのがたのしい
ペイント
からだをうごかすと
すっきりするたいそう

すきなげんご
イングリッシュと
スパニッシュ
イングリッシュをはなせば
ともだちがふえる
スパニッシュをはなせば
せんせいとおはなしできる

アメリカ
だあいすき
ずっと
いたいなぁ……

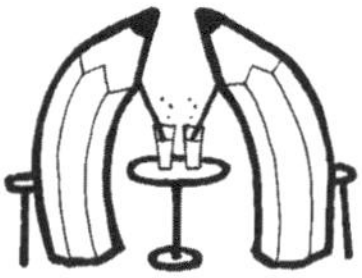

『うみにいったよ』

イーストテネシー補習授業校（テネシー州）小一　シュヴォーニ　闘《ばとる》
（海外滞在年数三年）

うみにいったよ。
いきたかったんだ。
すっげーひろくて、
くじらがみえなかった。
すながあつくて、
あしがやけるとおもった。
なみをじゃんぷして、
いっぱいかいがらみつけた。
なみにながされそうだった。
しおみずなめたら
しょっぱかった。
ぜんぶうみのんだら
いっぱいかいひろえるし、
どこでもいけるけど
おなかいたくなる。
こんどいくときは、
およげるようになるんだ。

#『ぼくのカラバシータ』

グアダラハラ補習授業校（準全日制）（メキシコ）小二　細《ほそ》川《かわ》利《り》修《しゅう》
（海外滞在年数四年六カ月）

五月に大きなたねを
ふわふわの土の中にそっと

水をあげ　話かけ
あっ！　はっぱが二まい
ぼくはすごくうれしかった

そして今どは
長くのびたね！
とうめいのはちを
ぐるっと回してみたら
大はっけん！
土の上には
かわいいみどりの二まいのは
土の下には
白くてほそ長いねがいっぱい

さかい目は土なの？

そのあと一か月で
ぼくのカラバシータは
ぼくのかおより大きくて
みどりと白でぜんぶのはが
ちがうもようになった

つぼみもいっぱいついたよ
まい日
やさしく　そっと
手のひらに水をうけとって
土に水をあげるんだ

そのあとで
大きくなったはにもやさしく
どんどんくきがのびてきた
大きなつぼみにも　そっと

知ってるよ
黄色い花になるんだよね
そしてみどりのカラバシータ
やさしいパーティたのしみだ

『うさぎのダンス』

ノールパドカレー補習授業校（フランス）小二　北《きた》村《むら》　瑛美里《えみり》
（海外滞在年数七年十一カ月）

はるは、おそとでぴょんぴょんお花のダンス。
なつは、うみでぱしゃぱしゃ水のダンス。
あきは、森でかしゃかしゃおちばのダンス。
ふゆはおにわでさくさく雪のダンス。
晴れの日も雨の日も、どこでもいっしょにダ
ンス。ダンス。
わたしとわたしのうさぎのダンス。
いつまでもいっしょにダンス。
ずっとずっと、いっしょだよ

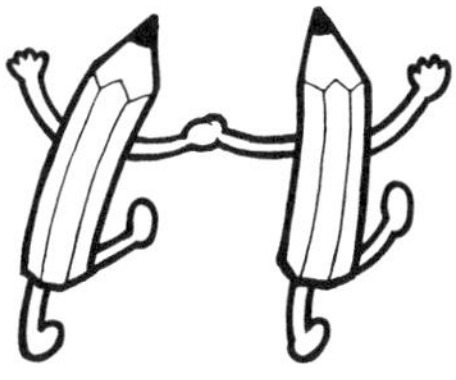

『モー　アメリカがすき』

ダラス補習授業校（テキサス州）小三　佐《さ》藤《とう》　新《あらた》
（海外滞在年数二年六カ月）

アメリカに引っこすことになった
えい語も話せないのに
モー　アメリカに行きたくない
モー　おじいちゃんとおばあちゃんに会えな
くなる
モー　友だちに会えなくなる
モー　おいしいおすしがたべられなくなる
モーモーモー　アメリカ行きたくない

だけど　アメリカにきて
大すきなハンバーガーを食べたらおいしかった
公園も日本より大きくて楽しかった
大きなつのがはえている牛がカッコイイ
テキサスロングホーンっていうんだって

モー　お友だちもできた
モー　えい語も話せるようになってきた
モー　アメリカの食べ物も食べれるようにな
った
モー　学校も楽しくなってきた
モー少し　アメリカで生活するのもいいか

テキサスロングホーンが
モーモーとないているところ
聞けたらいいな

『心のライン川』

デュッセルドルフ日本人学校（ドイツ）小三　小《こ》林《ばやし》正《まさ》英《ひで》
（海外滞在年数六年五カ月）

　ライン川きれい　でも、
心の中のライン川はもっときれい
一人一人の心の中にあるみんなの、川
心の中のライン川はきれいで
みんながいいことをしていっしょに
くらしている
ぼくもいいことをする大人になりたい
そう思うたびに
だいじょうぶ　できるよ　と言ってくれる
心のライン川が

『ぼくのクライストチャーチマラソン』

カンタベリー補習授業校（ニュージーランド）小四　麻《あそ》生《う》孝《こう》佑《すけ》
（海外滞在年数九年十一カ月）

ガヤガヤ　ガヤガヤ
秋晴れの　ハグレーパーク
日ざしが　まぶしい
かわいた風が　つめたい
ブルブル　ブルブル
ポプラの下で　じっと待つ
もう　早く始まって
もう　どんぐりの皮むき　四こ目
ドキドキ　ワクワク
スタート　ライン
パーン　ドドドド
みんなにおされて　転びそう
タッタタッタッ　タッタッタッタッタッ
でも落ち着いて　自分のペース
ウェー　ウェー
ぼくの右の　エイボン川で
カモが　水しぶきをあげている

ハー　ハー　ハー　ハー
最しょのコーナー
ちょっと　つかれて
わきばらもジワジワいたい
パンッ
応えんしてくれた　知らないおじさん
ハイファイブで　元気をくれた
いたいけど　がんばるぞ
落ち葉　カリカリ
ソメイヨシノのなみ木道
ビュン
ぼくの左で　風が起きた
うわっ　ぬかされた
ハー　くやしい

ハッハッハッハッ　ハッハッハッハッ
次のコーナー
どんどん　つかれてきたけど
まだまだ　勝負はこれからだ

ぼくもだれかをぬかしたぞ
アー　いいきもち
がんばれ
負けるな
あともうちょっと
最終コーナー
みんなのおうえんが
もっとぼくをいきおいづける

やったよ　ゴール
ピカピカ　メダル
ゴクゴク　ドリンク
ムシャムシャ　バナナ
マラソン　できて
ワーイ　よかった

『わたしたちの二段ベッド』

韓国・ブンダン日本語補習授業校（大韓民国）小四　大皿《おおさら》　ゆな
（海外滞在年数十年二カ月）

わたしの部屋には二段ベッドがある
ただの二段ベッドではない

お兄ちゃんの友達二人と
わたしたち兄妹三人が
パジャマパーティーする時は
二段ベッドが戦いのひみつ基地になるんだ
二階に折りたたみマットレスを持って上がり
こうげきを防ぐ壁を作る
お父さんが入って来るしゅん間
お兄ちゃんの「カジャ（行け）！」の合図に
合わせ
おもちゃの鉄ぽうナーフガンで打つんだ
当たったらものすごくいたいけど
当てたらものすごくうれしいんだ

少しかわいそうだけど
これがわたしたちの伝統的なゲームなんだ

こわい話をする時は
部屋の電気を全部消し
ベッドについている
小さなライトだけをつける
するとたちまち二段ベッドは
お化けやしきになるんだ

かくれんぼをする時は
ベッドに転がり布団をかける
そしたらぜったい見つかりゃしない
二段ベッドがかくれがになるんだ

お父さんとお母さん達が眠る頃
男二人は二階でぐっすり
女三人は一階
ねてる妹を起こさずに
ジョンヒョニオンニ（お姉さん）とわたしだけの秘密の時間

楽しくてなかなか眠れない
二人のコソコソ話を聞いている
二段ベッドは
無言の聞き手になるんだ

わたしたちの二段ベッドは
この夏に
五人がまた集まることを
待っている

わたしたちの二段ベッドは
ただの二段ベッドではないんだ！

『大きなかべ』

北東イングランド補習授業校（イギリス）小四　伊久美《いくみ》　圭《けい》
（海外滞在年数一年十一カ月）

7月からイギリスに来た
家族みんなで
さいしょはちょっとこわかった
パパが大じょうぶと言った
けど　ぼくはまだ不安

さいしょの学校
友達といっしょにクラスに来た
ぼくは泣きそうになった
けど　たくさん友達が来た
みんなぼくに名前を教えてくれた
ぼくはすごくうれしかった
でも何を言っているかよく分からなかった

さいしょの公園
たくさんの人がいた
はじめて見る遊具
すごいおもしろそう
でもいけなかった
日本のいつもの公園ならいけたのに
その遊具でずっと遊んでいる子がいた
ぼくも遊んでいいって聞きたかった
でも言えなかった
次の日またその公園に行った
また同じ子が遊んでいた
パパが言わなかったらはずかしいぞ
と言った
ぼくはえい語が話せないから
はずかしかった

パパがえい語の伝え方を教えてくれた
ぼくはえい語で言った
いっしょに乗っていい？
そしたら乗せてくれた
そしてその子は
友達になってくれた
なんてことだ
もう友達ができたんだ
うれしいな

一年がたった
少しずつ友達がふえた
使える言葉も多くなった
学校でも
公園でも
どこでもきんちょうしなくなった

一年前のぼくは
先生のせつ明だけでなく
ほめてもらっている言葉さえ
分からなかった
でもいまのぼくはちがう
たくさんえい語の勉強をしたからだ
それに学校で
たくさんの友達を作ることができた
友達といっしょに
えい語でしゃべって
たくさんの言葉をおぼえた
そのおかげで
言葉のかべを乗りこえた
ぼくにとっては
はじめて感じたかべだった
とても大きいかべだった
ひっこしてきた時は
ぜったいにむ理だと思った

でも
ぼくはできたんだ
だから次のかべが現われても
きっと乗りこえられる

#『ぼくなのにぼくじゃない』

ワシントン補習授業校（バージニア州）小五　ワイズ　凜《り》　生《お》
（海外滞在年数一年十一カ月）

アメリカの友達みんな笑ってる
ぼくもいっしょに笑ってる
おもしろくないのに笑ってる
ぼくなのにぼくじゃない

自分の気持ち英語で言えない
うまく言葉が出てこない
日本語みたいに話せない
ぼくなのにぼくじゃない

まじめにやりたいだけなのに
一生けん命やりたいだけなのに
気づいたらいつも流される

なんでだろう
ぼくなのにぼくじゃない

『あの日の桜』

ダラス補習授業校（テキサス州）小五 岸《きし》澤《ざわ》七《なな》海《み》
（海外滞在年数一年三カ月）

あの日の桜や
聞いているかい
あの日の桜や
いつ会えるのかい
あの日の桜や
まだそこにいるのかい

地球の反対側に
おまえはいるのかい
わたしの友を
見守ってくれているのかい

わたしは知っている
いつかおまえを
忘れてしまうと
おまえの事しか覚えていない
あの日に何が起きたっけ
何だっけ
思い出せないんだ

おまえはいつも
わたしを見下ろし
人々を見下ろし
ほほえんでいた
さよならの春に
出会いの春に
咲いて散る
桜の木だった

「さようなら」
ああ思い出した
そう言ったんだ
わたしは旅立つんだって思ったんだ
そうだった
最初から最後まで
幸せだったんだ

あの日の桜や
いまそこにいるのなら
わたしの望みを叶えておくれ

あの日に戻ることは
できるのかい
一年前の
あの校舎に
戻れるのかい

『サボテン』

モンテレー補習授業校（メキシコ）小六　浅《あさ》石《いし》一《かず》真《ま》
（海外滞在年数十年六カ月）

メキシコって言うと
サボテンって思われがちだけど
ぼくの街では　見かけない

田舎に行ったら　たくさん生えてて
「こんなところに集まってたんだ。」
あまりの多さに　おどろいた

ずっと見てると　人に見えるよ
走ってる？
おどってる？
バンザイしてる？

つっ立ってるだけじゃ　もったいない
ときどきおかずとなって出るけれど
使い道はほかにない？
新エネルギーにならないか？
新しい薬が作れないか？

がんばれ　サボテン
やれるぞ　サボテン

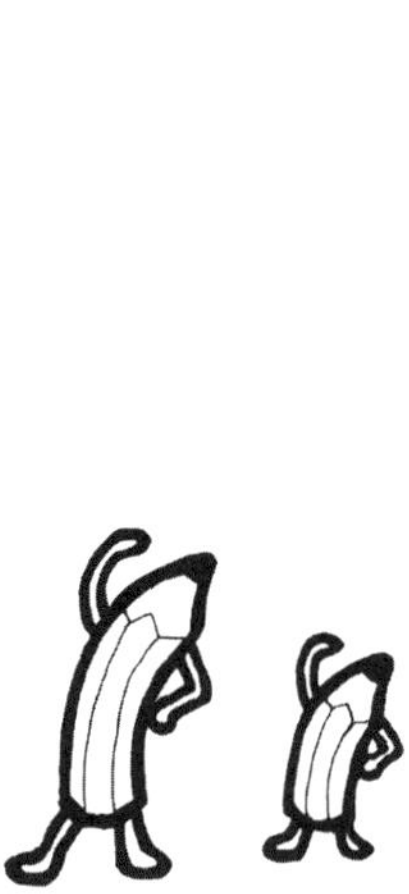

『森のブランコ』

フランクフルト補習授業校（ドイツ）中一　グリシー　桃《もも》
（海外滞在年数十二年九カ月）

大好きな森の大きな木
今日もまた会いに来た
元気？　木にかかったブランコに腰かける
木は新しいドレスを着ている
深緑色のドレスを
向こうの丘では羊の群れがお食事中
葉っぱが風になびいて野原に影絵のショー
太陽がすべてをまっ赤に包みこむ
帰る時間だ
ブランコはまだゆれている　ゆらゆらと

大好きな森の大きな木
今日もまた会いに来た
元気？　木にかかったブランコに腰かける
木は新しいドレスを着ている
ボルドー色のドレスを

大好きな森の大きな木
今日もまた会いに来た
元気？　木にかかったブランコに腰かける
木は新しいドレスを着ている
花模様のドレスを
デージーが目の前で踊っている
タンポポとキンポウゲはかがやいている
暖かい太陽の光と同じくらい美しい黄色で
南から鳥たちが戻ってきた
カッコウカッコウと森にひびきわたる
クロウタドリは小枝集めに大忙し
コマドリは首をかしげて私の方を見ている
黒い瞳は宝石のよう
夕方の風がさわやかになってきた
帰る時間だ
ブランコはまだゆれている　ゆらゆらと

＊次ページへ続く。

美しい毒きのこの横でポルチーニがひっそりとたたずんでいる
今晩はきのこパスタかな
モミの木の下でイノシシたちがかくれんぼ
どどどどどっと逃げて行く
落ち葉かさこそ音立てて鹿が駆けていく
きりが深くなってきた
帰る時間だ
ブランコはまだゆれている　ゆらゆらと

大好きな森の大きな木
今日もまた会いに来た
元気？　木にかかったブランコに腰かける
木は新しいドレスを着ている
真っ白なドレス
暗やみの中きつねがえものをねらっている
火のように赤い毛皮についた真っ白な雪を
ぶるぶると払い落としながら
しいんと静まりかえった森
今日はきつねと私だけの森

あい色の空に天の河がきらめく
帰る時間だ
ブランコはまだゆれている
いつまでも　いつまでも

『おたのしみ』

アトランタ補習授業校（ジョージア州）中一　青《あお》　園《その》　毬《まり》　愛《あ》
（海外滞在年数十二年四カ月）

朝起きるとブラインドを上げる
まるで違う世界への扉を開けるようだ
毎日違う世界を発見していく
これが私の楽しみだ

あっ今日のトマトは昨日より赤い
あっ鹿の足跡が見つかった
あっ椿の花が太陽を浴びてほほえんでる
おやおやシマリスが穴から顔を出している
朝のあいさつかなあ

夜の窓の外
昼の窓の外
雨の日の窓の外
どの窓の外も大好きだ
明日はどんな窓の外を発見するのだろう

『私はおかしい？』

ホーチミン日本人学校（ベトナム）中一　清《きよ》瀬《せ》誠《あき》人《と》
（海外滞在年数八年四カ月）

私はどうも、精神がおかしいらしい
どうも、精神がおかしいというらしい
どうしてかは自分には分からない
なぜおかしいというのは分からない
病院で発達障害と言われたこともある

別の国に住んでたとき
そのときはなにもない学校生活だった
しかし日本に帰ったとたん
まわりからおかしいと思われた
病院、学校、習い事などからだった
そう思われているということらしい
そして、今住んでいる所の日本人も
そう思っているらしい

やっぱり、海外ではなんにもなくても
日本ではおかしいこともあるんだと思う
私はどうすればいいのだろうか

『インシャッラーの真実』

イスラマバード日本語クラブ（パキスタン）中一　白《しら》井《い》　奏《そう》伍《ご》
（海外滞在年数十二年九カ月）

インシャッラーは誤解されている

多くの日本の大人が言う
イスラム教徒はいい加減
約束を平気で破っておきながら
インシャッラーと神のせいにしていると

本当にインシャッラーには
とても謙虚な意味がある

ほんの小さな約束でさえ
我々人間の意志の力だけでは
実現できないこともある

待ち合わせに余裕を持って臨んでも
途中で急病、事故、災害、政情不安
何かが起きて遅れてしまうかもしれない

貸してあげる約束だった漫画を
犬がかじってしまうかもしれない

特注の誕生日ケーキにお店の人が
別の人の名前を書いてしまうかもしれない

美味しいはずの甘いチャイに店員さんが
間違えて塩を入れてしまうかもしれない

歴史の試験勉強を頑張ったら
実は地理の試験の日だったかもしれない

どんな小さな約束事も
アッラーの助けがないと実現できない
人間にできるのはただ最善を尽くす事
日本語の「人事を尽くして天命を待つ」
それこそ本来のインシャッラーだ

＊次ページへ続く。

人間のすることに絶対はない
人間の限界を知っている
だから神に祈って委ねる
これがインシャッラーの意味だと思う

予定を決める時はインシャッラー
約束をする時はインシャッラー
夢を語る時もインシャッラー

僕がインシャッラーと言い忘れても
そこに居る人達がかわりに言ってくれる
言葉にしたことが実現しますようにと
一緒に祈ってくれるのだ

これはまるで言霊だ

インシャッラーは言霊なのだ

『旅立ち』

イスラマバード日本語クラブ（パキスタン）中二　川《かわ》谷《たに》咲《さ》良《ら》
（海外滞在年数五年九カ月）

ゆっくりと足を踏み出す
ジリジリと眩しい日差し
目元に滲んだ水滴を照らす
校舎に響く私だけの足音

クラスメイトが祈りを捧げる
神秘的にそびえたつモスク
落ちつく音色のアザーンが
優しく学校を包みこむ

ずらりと並ぶ青色のロッカー
レンガ色の壁と草木のコントラスト
最初は目がちかちかしたカラフルさも
なつかしさで溢れている

友達と座った私の定位置
やがて違う人が座るようになるのだろうか
クラスメイトと飛び込んだプール
水面に反射する思い出

むらさきの上を踏みしめる
ジャカランダの花びらが作りあげた絨毯
まるで旅人を送るファンファーレ
旅立つ私を勇気づける

『「もういい加減やめようよ。」』

ソウル日本人学校（大韓民国）中三　五《ご》味《み》愛《ま》琳《りん》
（海外滞在年数十二年七カ月）

近くて遠い国。

日本で、韓国と中国がそう呼ばれるようになって久しい。

近いから、欠点ばかり見てしまう。

近いから、ライバル心が強くなる。

近いなら、学び合えるはずなのに。


私は、この二つの国で育った。

デモ、不買運動、繰り返される恒例行事。

日本人であることを隠すかのように生活を送ることが嫌だった。

友人ひとりひとりは優しいのに、集合体では優しくない。目に見えない漠然とした集合体、それを国家と呼ぶらしい。

友達とは、悪いところも良いところも冷静に見ることができるのに、国家になると見えないらしい。

国というお互いの家の窓から、隣の家を覗くだけ。

ほとんど同じ芝生でも、隣が青いと嫉妬して、枯れると隣のせいにする、そんな関係が続いている。

誰かが、いつか言い出すことが必要なのかもしれない。

「もういい加減やめようよ。」と。

国同士が、友達のように良い面も悪い面も冷静に言い合える関係。

その為には、政治を動かす我々が、政治に騙されないよう、個人として交流し、相手の国の人を冷静に見えるようになる必要がある。

私はこの二つの国で育った。
日中交流、日韓交流、繰り返される恒例行事。
それでも国レベルの関係が変わらないことが
嫌だった。
もしかしたら三つの国を知る私こそ、適任者
なのかもしれない。
「もういい加減やめようよ。」と。
私たちは新しい二十二世紀の世界を作る主人
公だ。
今までと同じようなやり方で、同じようにし
ていては何も変わらない。
ちょっとしたきっかけで、変わることもある。
日中韓は、そのきっかけを待っているのかも
知れない。
ずっと昔から、今まで。
「もういい加減やめようよ。」と。
誰かが言い出すことを待つのではなく、私た
ち一人一人が主体的に動けば、時代を変える
ことだってできる。

私はこの二つの国で育った。
この貴重な経験を活かすために、私はアジア
と共に生きていく。
未来を作るのは我々だから。

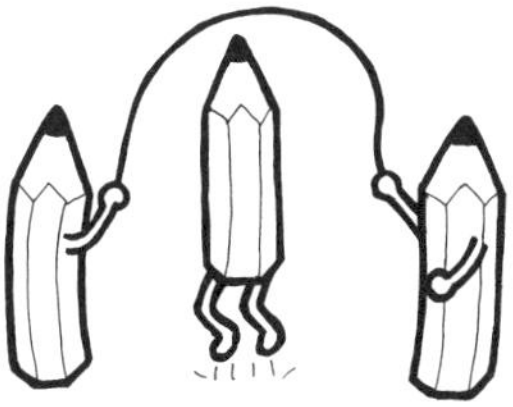

『君はどうしたいんだ』

デュッセルドルフ日本人学校（ドイツ）中三　小田島《おだしま》　誠《せい》慈《じ》
（海外滞在年数十二年十カ月）

深夜一時
空港の到着ロビーにいた僕は
まだベビーカーに乗った一歳児だった

そこから　僕と家族の
ドイツ生活が始まった

あれから十三年　僕は決断した
十五歳になったら
僕はひとりで日本へ旅立つ

見慣れた景色
食べなれたこの国のお菓子や料理
時間通りに来ない電車やバス

この日常が　日本にはない
このありふれた毎日が
とても大切で　貴重なものに感じられる

住み慣れた場所をあとにして
僕は　新しい世界へ飛び込む

僕にとって　日本は母国だ
でも　心の中にあるこの心配は何だろう
日本を外国と思っているのかもしれない

心配と高揚感

新しい世界へ飛び込む時って
こういうことを感じながら
始まっていくのかな

数年前までは
ひとりで高校生活を送るなんて
考えたこともなかった

このまま
ドイツで高校に行ってもいいんじゃない？

そう言われても
僕は日本で生活することを選んだ

人生の変わり目には
いつも必ず　チャレンジがやってくる

君はどうしたいんだ

そこで悩んで　考えて
僕は決断してきた

新しいチャレンジは　突然やってくる
一歩踏み出す勇気が試される

君はどうしたいんだ
どう生きたいんだ

問いかけの先に
未来の僕が立っている

「詩」の部

「佳作入選者」一覧　47名

《小　一》
植中唯奈　韓国・ブンダン日本語補習授業校
西岡想乃歌　ジッダ日本人学校
丁　澄明　上海日本人学校（浦東校）
水谷俊太　イーストテネシー補習授業校
宮城　紬　天津日本人学校
鈴木颯太　イーストテネシー補習授業校
吉田尚平　イーストテネシー補習授業校

《小　二》
塩野谷柚璃　韓国・ブンダン日本語補習授業校
稲垣結士　ハーグ・ロッテルダム補習授業校
鎌田莉里　ロサンゼルス補習授業校（オレンジ校）
天野　結　チカラン日本人学校
跡部大地　ジッダ日本人学校
古田ミカイル　イスラマバード日本語クラブ

《小　三》
今井俊介　ダラス補習授業校
岩崎　諒　ダラス補習授業校
田幡直哉　上海日本人学校（虹橋校）
藤田志郎　ニューヨーク育英学園サタデースクール（NJ校）
伊藤　優　フランクフルト補習授業校
清本拓磨　イーストテネシー補習授業校

《小　四》
小野寺彩利　ロンドン補習授業校
ベネット丈治　テルフォード補習授業校
髙瀬奈々　シカゴ補習授業校
安　泰志　韓国・ブンダン日本語補習授業校

《小　五》
ウォットン凌央　オークランド補習授業校
カー美和　オークランド補習授業校
大関　蓮　オークランド補習授業校
ジョンストンカルロ　オークランド補習授業校
藤井智希　韓国・ブンダン日本語補習授業校
平井花怜　韓国・ブンダン日本語補習授業校

「詩」の部▶「佳作入選者」一覧

《小　六》
櫻井ノア　ジュネーブ補習授業校
土野竜翔　ジュネーブ補習授業校
堂下千惺　ジュネーブ補習授業校
柿沼泰佑　オークランド補習授業校
柳沼歌凛　ロンドン補習授業校

《中　一》
鈴木優那　ペナン日本人学校
黒沼史花　オークランド補習授業校
時任幸之助　プノンペン日本人学校
高幣弥生　上海日本人学校（浦東校）
塚　聖華　上海日本人学校（浦東校）
加藤凱雄　上海日本人学校（浦東校）
西村彩那　バルセロナ日本人学校
竹内美月　ポートランド補習授業校

《中　二》
林　亮汰　トロント補習授業校
高橋和希　カンタベリー補習授業校
斎丸　希　シカゴ日本人学校

《中　三》
鳥居胡春　ポートランド補習授業校
吉岡七海　アムステルダム日本人学校

第44回　海外子女文芸作品コンクール

「短歌」の部

「短歌」の部
総評

『毎日、WONDER』

谷《たに》岡《おか》亜《あ》紀《き》（歌人）

私の息子一家は去年の春からアメリカに赴任《ふにん》して、ミシガン州のデトロイト郊外で暮らしています。今年の五月一ヶ月間、私と妻とでアメリカを訪ね、六月に帰国したばかりです。息子夫婦の子供は二人。上の女の子はもうすぐ三歳で、週に三日、現地の保育園（ナーサリー・スクール）に通《かよ》っています。家では主に日本語、学校では英語の暮らしです。最近テレビ電話の使い方を覚え、日本によく電話してくるようになりました。そして先日、息子夫婦に二人目の子供、男の子が生まれました。この子は、アメリカ生まれなので、当面はアメリカ国籍ということになります。まだ幼い二人がこれから、どこでどのような人生を送るのか、とても楽しみです。彼等《かれら》は、まさにこのコンクールに作品を送ってくれた皆さんと同じ境遇です。なので、私にとって皆さんの外国暮らしは他人事ではなく、ひとつひとつの作品をとても身近な思いで読みました。今年も世界中から六千首近い短歌作品が寄せられ、とても嬉しく思っています。

受賞・特選作品については一首ずつコメントし、またそれ以外の入選作品も別途掲載しますので、今年もここでは、惜しくも選外となった作品から、海外に暮らす小学生、中学生たちの〈今〉がよく伝わる短歌を、出来る限りあげたいと思います。

まず、新型コロナウイルス感染症に関連する作品。〈上海に来てすぐ起きた都市封鎖外に出られず家にいた夏〉（中華人民共和国・中三）、〈ロックダウン苦しかったけどかいじょされまたがんばっていこう中国〉（中華人民共和国・小五）、〈オフライン授業再開知らせ受け出した名札は小学四年〉（大韓民国・中一）。

次に歴史や社会、ニュースなどの歌。〈少し前東と西にかべがあり考えられぬ平和の空〉（ドイツ・小六）、〈まどの外ファベーラやビルごうていと一目でわかる貧富の格差〉（ブラジル・小六）、〈寒い日にヒーターつかないまた停電電気を待つぼく毛布にくるまる〉（パキスタン・小二）。〈百円が円安になり一ドルが百四十円ショッピングの時〉（テキサス州・小六）。〈山かじでけむりだらけのオタワのまちともにせきにんかんがえるとき〉（カナダ・小二）。一首目はかつて東西ベルリンを分断《ぶんだん》していた壁の歌。二首目は貧富の差を見据《みす》えた歌。三首目は途上国でたびたび起こる停電の歌。四首目は「円安」の歌。その影響を受けている人はたいへん多いと思います。最後の歌はカナダの山火事の歌。地球温暖化が深刻な影響をおよぼしています。まさに「ともにせきにんかんがえるとき」ですね。

一方、ゲームやＳＭＳも今や欠かせないものとなりました。〈日本でポケモンバトル見てみたいカードを見ながらそうぞうしてみる〉（ニュージーランド・小二）、〈とおくてもインターネットべんりだなラインで繋がるにほんのかぞく〉（ドイツ・小五）、〈ユーチューブひまさえあればユーチューブ全ての知識はユーチューブから〉（カリフォルニア州・小六）。なるほど、時代ですね。

最後に、さまざまな思いが伝わる次のような歌をあげておきたいと思います。〈サッカーにバイオリンやりスイミングぼくの人生すごくたいへん〉（オーストラリア・小六）、〈げん地校足が止まった登校日なみだ出たけどゆう気も出した〉（カナダ・小三）、〈飛行機でサヨナラ日本離れてく新たな未来今待っている〉（テキサス州・小六）。

皆さんの生活はたくさんのＷＯＮＤＥＲに溢れています。よい毎日を。

「短歌」の部　受賞作品

▼文部科学大臣賞

アデレード補習授業校（オーストラリア）

小三　きいん　けいしい

（海外滞在年数八年十カ月）

コアラいた道ろ横だんどこに行くぼくは学校よい一日を

評　きいん・けいしい君は海外滞在八年十カ月の八歳。漢字もひらがなもカタカナも、しっかり書けていますね。感心《かんしん》しました。作品は登校途中の道路で見つけたコアラを歌っています。「コアラいた」という出だしに、驚きと嬉《うれ》しさが素直に表現されています。ぼくはこれから学校へ。コアラももしかしたら森の学校へ行くんだろうか。お互いに今日一日をしっかりがんばり、そして楽しもう、という思いが「よい一日を」という言葉に出ています。

＊（　）内は滞在国・地域を表し，アメリカ合衆国については州名を記載。
海外滞在年数は2023年７月現在の年数を記載。

▼海外子女教育振興財団会長賞

おそろいのティーシャツをきてお見おくりしゃしんをとったよさよなら太一

オークランド補習授業校
（ニュージーランド）
小三　三《み》浦《うら》りいな瑛《え》鈴《り》夏《か》
（海外滞在年数八年四カ月）

評　太一君は学校の同級生でしょうか、近所の幼なじみでしょうか。この作品の前に「太一くん日本に行っても元気でねつぎ会うときはゆうえんちでね」という歌があり、太一君が日本へ帰る別れのシーンであることがわかります。「おそろいのティーシャツ」でとった写真は、太一君と作者との、思い出の宝物です。「さよなら太一」に、万感がこもっています。いつか将来、必ずどこかの遊園地で再会《さいかい》できることを祈っています。

▼日本放送協会賞

カーテンのすきまに見える森の中トゥッカーノいてさわぎだす昼

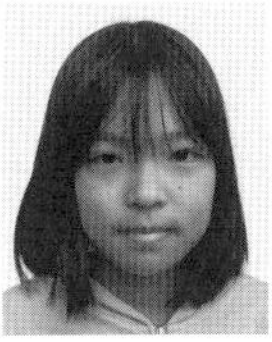

サンパウロ日本人学校
（ブラジル）
小六　熊《くま》野《の》花《か》音《のん》
（海外滞在年数八年五カ月）

評　ブラジル・サンパウロ在住の作者。日々生活している家の窓のすぐ向こう、まさにカーテン一枚あけたその先に森が広がる。豊かな自然の中で暮らしている毎日は、たくさんの驚きや、出会い、発見、つまりWONDERにあふれています。それが「さわぎだす」という表現からよく伝わります。「トゥッカーノ」はブラジルに多く棲《す》む鳥です。全体に黒い色で、喉《のど》が白く、赤い大きなくちばしがとても目立つ、ユーモラスな格好《かっこう》をしています。

▼JFE21世紀財団賞

たのしみは病気のあとのハンバーガーおかゆじゃないよアメリカ育ち

ポート・オブ・サクラメント補習授業校
（カリフォルニア州）
小六　エゼル　透《とう》真《ま》
（海外滞在年数十一年八カ月）

評　毎年このコンクールに、世界各地から「たのしみは」「楽しみは」で始まるたくさんの歌が送られて来ます。子供たちになんとか短歌に親しんでもらおうとする、現場の先生方の苦心《くしん》がよく伝わります。もともとこのスタイルは、江戸時代の橘曙覧《たちばなしょうらん》という歌人に源《みなもと》がありますが、短歌を作るいわば入口として重宝《ちょうほう》されて、現在に至っています。この作品は、それらの代表として取り上げました。類型的《るいけいてき》な表現に終わらず、作者の現実が生き生きと伝わる点が見どころです。

▼東京海上日動火災保険賞

イマノルのパスうけはしってトライきめレマン湖大会およいでおわる

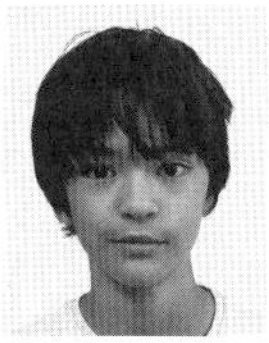

ジュネーブ補習授業校
（スイス）
小五　草《くさ》野《の》誠《せい》治《じ》
（海外滞在年数十年十カ月）

評　「トライきめ」だからラグビーの試合ですね。「イマノル」はチームメート。「イマノル」「パス」「トライ」「レマン湖」と、たたみかけたカタカナ語がリズムのアクセントになっていて、まさにラグビーの躍動感《やくどうかん》を伝えます。作者は「トライきめ試合終了ゆうしょうだ仲間とびこむ初夏のレマン湖」とも歌っています。試合終了まぎわに自分でトライを決めて優勝。湖に飛び込みたくなる気持ちもわかります。喜びが爆発する初夏のレマン湖です。

▼日販アイ・ピー・エス賞

あやとりが大好きあやちゃんうちのねこ日本語がわかるぼくの友だち

評　あやとりが大好きな猫。いいですね。作者の両手の指と指の間に渡した毛糸に、前足を伸ばしてじゃれつく仕草が目に浮かびます。だから名前は「あやちゃん」。あやとりの毛糸で「はしご」や「川」などを作っては、いっしょに遊んでいるのでしょう。日本から連れて来た猫でしょうか。名前も日本風です。日本語がわかる大親友と、いつも日本語で話している様子が想像されます。「あやとり」「あやちゃん」と韻を踏み、リズミカルな作品に仕上がっています。

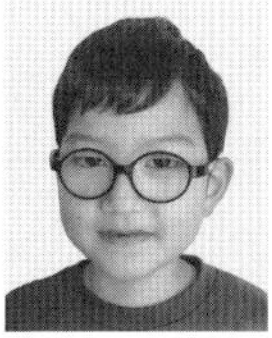

個人応募
（大韓民国在住）
小二　阿《あ》部《べ》天《て》瑠《る》
（海外滞在年数七年）

▼日本児童教育振興財団賞

まっしろな時間がすぎる冬の午後ルービックキューブカシャカシャまわす

評　「まっしろな時間がすぎる冬の午後」。たいへん詩的な表現です。スイスの冬の雪の白さをイメージさせる「まっしろ」が、同時に時間の手触りを伝えている点、とても技巧的です。詩歌の言葉は、こうした重層的な比喩《ひゆ》性を帯びる時、もっとも輝きます。「ルービックキューブ」という語のメカニックな響き、さらには「カシャカシャ」という擬音語もいいですね。つれづれなる一人遊びの時間に、微かに孤独の影が差している点が見どころです。

ジュネーブ補習授業校
（スイス）
小四　小《お》畑《ばた》翔《しょう》
（海外滞在年数九年十一カ月）

▼クラーク記念国際高等学校賞

初めてのパラグライダー冷える頬足の下にはイスラマバード

イスラマバード日本語クラブ（パキスタン）
小四　藤《ふじ》崎《さき》巴《は》吏《り》秀《す》（海外滞在年数五年）

評　実は私もパラグライダーを趣味《しゅみ》の一つとしていて、いつも富士山を望む高原で飛んでいるので、この感じはとてもよくわかります。特に初飛行の時の高揚感《こうようかん》は忘れられません。作者はインストラクターとともに、体験飛行にチャレンジしたのでしょう。「冷える頬」が現場の空気を伝えてリアルです。そして、「足の下にはイスラマバード」。夢ではなく現実の私の足の下に、大都市が広がっている。この非日常感《ひにちじょうかん》がパラグライダーの醍醐味《だいごみ》です。

▼アイ エス エイ賞

金曜日聞こえてくるよまどの外シュートが決まる歓喜の声

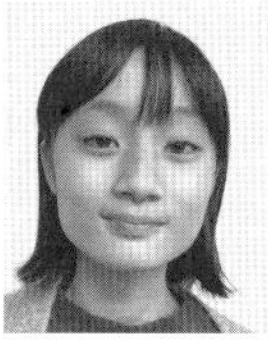

サンパウロ日本人学校（ブラジル）
小六　井《い》上《うえ》桜《さくら》子《こ》（海外滞在年数三カ月）

評　ブラジルのサンパウロに暮らす作者。ブラジルと言えばサッカーですね。そしてサンパウロは、有名なサッカークラブの本拠地《ほんきょち》でもあります。毎週金曜日に、その本拠地スタジアムで試合が行われるのでしょう。歓声が窓から聞こえてくるのだから、作者はスタジアムのすぐそばに住んでいることがわかります。ホームチームのシュートが決まり、サンパウロの人々は大騒ぎです。その、現場での「ライブ感覚」が大きな魅力の作品です。

▼早稲田アカデミー賞

温泉に入るカピバラ検索し遠い国想うインスタグラム

ティルブルグ補習授業校
（オランダ）
中二　毛《もう》利《り》仁《み》謙《のり》
（海外滞在年数十四年二カ月）

評　辞書によるとカピバラは、中米パナマから南米アルゼンチン東部にかけて多く生息《せいそく》する、世界最大のネズミの仲間とのことですが、「温泉に入るカピバラ」と言えば、日本各地の温泉がまず思い浮かびます。作者の検索《けんさく》でも、それらの楽しい写真がたくさんヒットしたことでしょう。故郷日本を「遠い国」と言っている点に、作者の長い外国暮らしが想像されます。インターネットやSNSが生活に欠かせない、現代という時代が反映《はんえい》された作品です。

▼サピックス・代ゼミグループ賞

サンマロの城壁のそと卯波ありしおのみちひきながめてひとり

パリ日本人学校
（フランス）
中二　樋《ひ》口《ぐち》和《わ》奏《かな》
（海外滞在年数一年）

評　まず「卯波《うなみ》」という珍しい語が目を引きます。陰暦卯月《いんれきうづき》頃に海に立つ波のことで、初夏の季語《きご》として俳句でよく使われます。もしかしたら、作者の近辺に俳句を作っている人がいるのかも知れません。「サンマロ」は、城壁《じょうへき》に囲まれたフランス・ブリュターニュ地方の観光地で、イギリスとの海峡に面しています。下句に表現された、長いあいだ潮の満ち引きをぽつんと眺めている作者の「ひとり」の時間の手触《てざわ》りが、作品の持ち味となっています。

「短歌」の部

特選作品

友だちにドーブリデーニ教わったウクライナ語でこんにちは

マーストリヒト補習授業校（オランダ）小三　東《あずま》　美《み》　空《ら》
（海外滞在年数八年十カ月）

評　ロシアのウクライナ侵攻《しんこう》にともなう、戦争に関連した歌。作者の暮らすオランダにも、ウクライナからたくさんの家族が避難《ひなん》して来ているのだと思います。そして作者は、その一人と「友だち」になったのでしょう。「ドーブリデーニ」「こんにちは」。私たちは言葉を通して、世界中の人々と友達になることができます。国際社会の大きな動乱《どうらん》の中の、小さな、しかし大切なドラマが歌われています。結句が少し字足らずですが、それを補って余《あま》りある作品です。

汽笛鳴りせわしく走るぼくのねこ窓の外見るまた船来たね

オークランド補習授業校（ニュージーランド）小五　モーガン　悠《ゆ》晏《あん》
（海外滞在年数七年二カ月）

評　窓の外でぼわーっと汽笛《きてき》が鳴り、部屋の中にいっしょにいた猫が、あわてて窓辺に走って行って外を見る。それで作者は、ああまた船が港に到着したんだと気づき、「よくわかったね」と猫に声をかける。そうしたストーリーの、短編《たんぺん》小説《しょうせつ》仕立《じた》ての短歌です。家の窓の外には、ニュージーランドの港湾都市オークランドの港の風景が広がっています。作者も猫も、はるかな船旅をひととき胸に描き、世界の国々に思いを馳《は》せるのでしょう。

アフリカへ立つハイイロガン高空へV字を描き冬もすぐそこ

デュッセルドルフ日本人学校（ドイツ）中二　小田原《おだわら》　凜《りん》
（海外滞在年数一年三カ月）

評　ハイイロガンは世界中に広く分布するカモの仲間で、その名の通り美しい灰色をしています。その中のいくつかの種類は、ヨーロッパで繁殖《はんしょく》し、冬季になるとアフリカ大陸北部や西アジアなどへ渡り越冬《えっとう》するとのことです。ドイツ・デュッセルドルフの空で作者が見たのは、まさにそうした種類ですね。もしかしたらドイツでは、季節の風物詩《ふうぶつし》として毎年目にする光景なのかもしれません。まさに、ヨーロッパにおける現代の歳時記《さいじき》です。

「短歌」の部

優秀作品

なつがきたじてんしゃこいでたべにいくびっぐさいずのあいすくりーむ

トロント補習授業校（カナダ）小一　伊《い》藤《とう》百《もも》花《か》
（海外滞在年数十一カ月）

ナマケモノいがいとはやく歩くのはどうぶつ園で雨がふるとき

オークランド補習授業校（ニュージーランド）小二　森《もり》　真《ま》理《り》
（海外滞在年数七年十一カ月）

クカバラが大きな声でわらってるわたしも聞いてカカカとわらう

アデレード補習授業校（オーストラリア）小三　ワートリー　日菜《にいな》
（海外滞在年数九年二カ月）

春うららグースの親子車止め道路横切るごいっ行さま

トロント補習授業校（カナダ）小四　弦《つる》巻《まき》七《なな》実《み》
（海外滞在年数九年九カ月）

じゃぐちから出てくる水があったかいもう夏だねとおしえてくれる

ジャカルタ日本人学校（インドネシア）小五　小《お》野《の》　陽菜向《ひなた》
（海外滞在年数三カ月）

広大なこの大陸の雲の下飛行機から見る茶色の大地

アデレード補習授業校（オーストラリア）小六　中《なか》村《むら》　峻《しゅん》
（海外滞在年数四年一カ月）

4年ぶり勝ち負けよりもお揃いの格好楽しみな笑い合う

オタワ補習授業校（カナダ）小六　尾《お》中《なか》　クララ
（海外滞在年数五年四カ月）

オレンジにかがやく玉の美しさ心ふるえるケニアの朝日

ナイロビ日本人学校（ケニア）小六　榊《さかき》原《ばら》　和《わ》奏《かな》
（海外滞在年数三カ月）

青と黄の国旗みるたび考える近くの国の戦争のこと

ミュンヘン日本人学校（ドイツ）小六　コンロイ 皇太朗《こうたろう》
（海外滞在年数四カ月）

チリペッパーカレーにしげきを加えてるそんな大人にぼくはなりたい

コロンボ日本人学校（スリランカ）中一　平《ひら》原《はら》瑞《みず》基《き》
（海外滞在年数一年三カ月）

卒業式笑って泣いた六年間答辞に込めた僕の日本語

北東イングランド補習授業校（イギリス）中一　宮《みや》内《うち》琳《り》煌《お》
（海外滞在年数八年一カ月）

砂海の中ネオン輝く大都会夢かと思う眠らない街

西大和学園補習校（カリフォルニア州）中二　佐《さ》々《さ》木《き》颯《はやて》
（海外滞在年数一年四カ月）

通学路左右確認お辞儀して鹿の親子も登校日かな

トロント補習授業校（カナダ）中二　林《はやし》 亮《りょう》 汰《た》
（海外滞在年数六年四カ月）

なんでだろう自分の弱さに気づいたよでかすぎるんだよグランドキャニオン

イーストテネシー補習授業校（テネシー州）中二　佐《さ》 野《の》 太《たい》 祐《すけ》
（海外滞在年数三年十一カ月）

空みれば時々思ういちねんごなにをしていてどこでくらすか

ニューヨーク補習授業校（ニューヨーク州）中二　関《せき》 壮《そう》 大《た》
（海外滞在年数二年）

もう終わり孤独な戦いロックダウン久しぶりに見るあの子の八重歯

上海日本人学校（浦東校）（中華人民共和国）中三　山《やま》 本《もと》 花里南《かりな》
（海外滞在年数九年七カ月）

「短歌」の部

「佳作入選者」一覧

39名

《小 一》

松永幸知 アスンシオン日本人学校

田之上紗弓 蘇州日本人学校

《小 二》

松本悠里 デュッセルドルフ日本人学校

水越草佑 シンシナティ補習授業校

ヤシキラ瑠葉 トロント補習授業校

《小 三》

佐藤新 ダラス補習授業校

筱 百花 カイロ日本人学校

川口ファンミルさくら オークランド補習授業校

山本泰暉 トロント補習授業校

《小 四》

尾市結菜 ニューヨーク育英学園フレンズアカデミー

本間喜至 トロント補習授業校

宮本 晟 ジュネーブ補習授業校

由谷藍子 ヒューストン補習授業校

《小 五》

ブルックナー陸安夢 チューリッヒ補習授業校

阿部礼葦 個人応募（大韓民国在住）

藤井智希 韓国・ブンダン日本語補習授業校

伊勢健人 ＳＴＵＤＩＯ.Ｓ日本語教室

グリフィン香音 北東イングランド補習授業校

廣田愛梨 サンフランシスコ補習授業校

《小 六》

多々見咲希 デュッセルドルフ日本人学校

加賀出海 サンパウロ日本人学校

小倉太一 ロッテルダム日本人学校

若林夏希 プノンペン日本人学校

金川 慈 パナマ日本人学校

酒見慧太 マッカーレン補習授業校

《中 一》

宮腰隆央 サンフランシスコ補習授業校（サンノゼ校）

佐藤開治 インディアナ補習授業校

山下閑司　ヨークシャーハンバーサイド補習授業校
白井奏伍　イスラマバード日本語クラブ

《中二》

藤原晴香　ホーチミン日本人学校
新村野亜　ホーチミン日本人学校
西村祐仁　ホーチミン日本人学校
榊原　楓　コロンバス（ＯＨ）補習授業校

《中三》

清水なのはな　オークランド補習授業校
柳沢晴香　マイアミ補習授業校
松浦愛大　ウェールズ補習授業校
齋藤一凛　個人応募（中華人民共和国在住）
武田桔怜　ベルリン中央学園補習授業校
平澤　樹　パリ日本人学校

地球に学ぶ

第44回　海外子女文芸作品コンクール

「俳句」の部

「俳句」の部
総　評

髙柳克弘《たかやなぎかつひろ》（俳人）

『五感《ごかん》をいきいきと働かせよう』

良い俳句とは、どんな句でしょう。たとえば、次の二句、どちらがいい句だと思いますか？

嵐山猿のつらうつ栗のいが　小五郎

花ちりて二日おられぬ野原哉　同

どちらも、江戸時代の子どもが作った句です。一句目の「嵐山《あらしやま》」は、京都の有名な観光名所ですね。その名のとおり風の強い日、風に吹かれて落ちた栗のいがが猿の顔を打ったよ、という意味です。二句目の「花ちりて」は、桜の花が散ってしまって、ということ。桜の花が散った後の野原はほかに見る物はなくて、泊まってまでもう一日見たいとは思わないなあ、という意味です。ポイントは、理屈《りくつ》っぽさがないかどうか、です。俳句の歴史の偉人《いじん》・松尾芭蕉《まつおばしょう》の考えでは、見たことや感じたことを、そのまま素直に詠《よ》んだ句がよいのだとされます。一方で、人を驚かせよう、面白がらせようとして、ひねりすぎてしまっている理屈っぽい句は、よくないとされました。

さて、クイズの答えは出ましたか？　松尾芭蕉の弟子《でし》だった去来《きょらい》という人によれば、「嵐山」の句のほうが良い句で、この子供は良い師匠《ししょう》についたら素晴らしい俳人になるだろう、とほめています。

不幸にもイガグリを顔に受けてしまった猿のギャッという声が聞こえるようですね。「花散りて」の句は「桜が散ったから泊まらなくてもよい」とする内容に、やや理屈っぽさがあります。大人《おとな》の真《ま》似《ね》をして面白《おもしろ》く作ろうとしなくてもいいのに惜《お》しいことだ、と去来は述べています。

知識や技巧《ぎこう》よりも、素直な感性を重んじる俳句は、子供が作る文芸としてぴったりです。「俳諧は三尺の童にさせよ。初心の句こそたのもしけれ」（『三冊子《さんぞうし》』）とは、芭蕉の言葉。小さな子供にこそ俳句をさせなさい、初心者の句こそおもしろいのだ、ということ。

今回のコンクールでも、五感をいきいきと働かせた句を、たくさん読むことができました。

貝がらをたくさんにぎる春の海　　與那覇　智代

ある春の日の体験を、そのまま詠《よ》んでいます。「にぎる」ということで、てのひらの感覚に根ざしているところがよいのです。とくべつなことを詠まなくても、日頃の遊びや生活の中で「おやっ」と思った小さな心の動きが、俳句にとっては大きな宝なのです。

スーツケースに小さくたたんだ鯉のぼり　　前野　時玖

これも、旅立ちの景色がはっきりと浮かんできますね。鯉のぼりといえば、空にたなびいているところがまず頭に浮かんできます。ですので、小さくたたまれて、スーツケースの中に入っている鯉のぼりが、ちょっと珍しくて惹かれるのです。

「俳句」の部 受賞作品

▼文部科学大臣賞

ジュネーブ補習授業校（スイス）
小五 與那覇《よなは》 智代《ちよ》
（海外滞在年数十年七カ月）

貝がらをたくさんにぎる春の海

評 浜辺で貝がらを拾って遊んでいます。集めた貝がらをぎゅっと握《にぎ》りしめたときの、貝がらの重みやあたたかさ、そして心がなんとなく満ち足りる感じ……だれしも体験したことがあるだけに、そのときの感覚や感情が、読者の心の中にも流れこんできます。ささやかな日常《にちじょう》の一場面を切り取りながら、俳句としての深い味わいがあるのは、感覚に根ざしているから。抒情性《じょじょうせい》も感じられる、素晴らしい一句でした。

＊（　）内は滞在国・地域を表し，アメリカ合衆国については州名を記載。
海外滞在年数は2023年７月現在の年数を記載。

▼海外子女教育振興財団会長賞

スーツケースに小さくたたんだ鯉のぼり

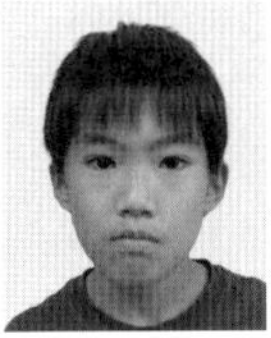

ジュネーブ補習授業校
（スイス）
小五　前《まえ》野《の》　時《はる》玖《き》
（海外滞在年数十年六カ月）

評　端午《たんご》の節句《せっく》、毎年揚げていた鯉《こい》のぼりを、海外に行く際にも持って行くのです。行先の国で同じように揚げられるかはわからないけれど、思い出として残しておきたかったのでしょう。こういう内容を詠むときに、「鯉のぼりをもっていく」というだけでは報告です。「スーツケース」「小さくたたんだ」ということで、荷造《にづく》りの場面が見えてきます。場面が浮かぶことで、読んだ人の心に忘れがたい印象を残すのです。

▼日本放送協会賞

まちじゅうにバナナの赤ちゃんそだってる

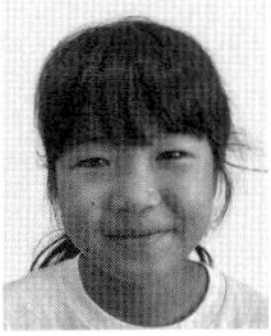

ジャカルタ日本人学校
（インドネシア）
小三　小《こ》林《ばやし》　真《ま》緒《お》
（海外滞在年数一年四カ月）

評　インドネシアの人にとって、バナナはとても親しいですね。街のさまざまなところに植えられたバナナの木に、いまちょうど「赤ちゃん」ほどのバナナが育っているのです。「バナナの赤ちゃん」という表現がユーモラスで、かわいらしいですね。バナナはあくまで、食べたり、茎《くき》や葉っぱを利用したりと、生活の中で愛されているもの。だからこそ、まだ役には立たない、青くて小さな「バナナの赤ちゃん」に注目したのが面白いのです。

▼JFE21世紀財団賞

口に入るアメリカの塩夏の海

西大和学園カリフォルニア校（カリフォルニア州）
中三 浅《あさ》田《だ》望《み》叶《と》
（海外滞在年数九年十カ月）

評 海が塩辛《しおから》いのは、万国、どこも同じですが、アメリカの海水に含《ふく》まれているのをあえて「アメリカの塩」といってみせたところに心ひかれました。「塩」だけではなく、日本とアメリカでは、違うところも多いですよね。使う言葉や、文化、風土……そうした違いを、海の水の「塩」に代表させたわけです。違いに戸惑《とまど》っているだけではなく、楽しんでもいるというのが、口に水が入るくらいに勢いよく泳いでいる場面から伝わってきます。

▼東京海上日動火災保険賞

バッファロー草原の中にたんぽぽと

ミネアポリス補習授業校（ミネソタ州）
小四 コネリー 琉人《りゅうと》
（海外滞在年数九年八カ月）

評 バッファローが草原にたたずんでいる風景、日本ではみませんよね。「たんぽぽ」は日本でもおなじみですから、なんだかほっとします。この季語《きご》があることで、作者が日本のたんぽぽを思い出して、なつかしくなっているんだろうなあと想像できます。立派《りっぱ》な角《つの》をもち、立派な体格をした「バッファロー」と、かわいらしい「たんぽぽ」とが、いっしょの風景におさまっているのが面白いですね。

▼日販アイ・ピー・エス賞

目が合うとわかばのむこうにげるリス

ジュネーブ補習授業校（スイス）
小三 アータリ 実和子《みわこ》
（海外滞在年数八年九カ月）

評 野生のリスは、この句のとおり、人間を警戒《けいかい》してすぐに逃げてしまいますね。リスとの出会いの場面が、克明《こくめい》にとらえられていて、びんかんなリスの特徴《とくちょう》をよくおさえています。この句の季語は、夏の季語である「わかば」ですが、これがとてもよく働いています。「わかば」という季語が持っているみずみずしさや生命力が、リスが住んでいる森全体の豊かさを暗示《あんじ》しているからです。

▼日本児童教育振興財団賞

花が咲き同じ道だがちがう道

ニューヨーク補習授業校
（ニューヨーク州）
小四 岡《おか》田《だ》結《ゆい》花《か》
（海外滞在年数九カ月）

評 ここでの「花」は、「桜」のこと。日本では昔から、特別な花として、詩歌《しいか》にもさかんに詠《よ》まれてきました。桜が咲くことで、いつもと同じ道のはずなのに、どこか違って見えるというこの句は、そうした伝統が、現代の私たちにも受け継《つ》がれていることを、まざまざと示してくれています。「同じ道だがちがう道」、この言葉の並び方が美しく、字面《じづら》もひじょうにきれいに整っている句ですね。

▼クラーク記念国際高等学校賞

しもばしらタップダンスが止まらない

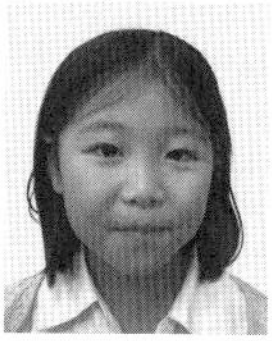

ニューヨーク育英学園（全日制）
（ニュージャージー州）
小二　清《せい》家《け》沙《さ》椰《や》
（海外滞在年数一年五カ月）

評　タップダンスは、軽やかにステップを踏むダンス。「雨に唄えば」という昔の映画にある、雨の中でタップダンスをするシーンは有名です。この句は、霜柱《しもばしら》を踏むと、音がするのが楽しくて、ついつい踏みあらしてしまい、それが「タップダンス」のようだとたとえているわけです。じつにユニークなたとえですね。しもばしらができる冬は、つい気持ちもふさぎこんでしまう季節。そんな寒い冬を楽しんでしまおうとする心が感じられます。

▼アイ エス エイ賞

草かり機鳥と風との合唱だ

ニューヨーク育英学園サンデースクール
（ニュージャージー州）
小六　キャロル　くれあ　恵信《よしの》
（海外滞在年数十一年十一カ月）

評　草かり機の音は、人によってはうるさいと思うものですので、鳥の声や風の音との「合唱」だと聞いた作者の感性《かんせい》に驚かされました。少し距離をおいてみれば、青空の下で、草かり機の音がひびいているのは、夏らしく、すがすがしい眺《なが》めだと気づかせてくれる句です。なにごとも、表面的なイメージのみで判断してはならないことを、この句は教えてくれているのです。

▼早稲田アカデミー賞

角のあるシカが一頭雪見てる

STUDIO'S日本語教室（ニュージーランド）
小六　桐《きり》原《はら》舞《まい》花《か》
（海外滞在年数十一年六カ月）

評　「角《つの》のあるシカ」、つまりオスのシカが、雪の中にたたずんでいる情景《じょうけい》です。この句のよいところは、「雪の中にシカがいるなあ」というだけではすまさなかったこと。シカの心の中に入り、シカの気持ちになって、「雪見てる」というところまで踏み込んだ表現したところを、評価しました。堂々《どうどう》としたシカですが、「雪見てる」というと、すこしさびしそうにも見えてきます。

▼サピックス・代ゼミグループ賞

トゥクトゥクに乗ったら自然がせん風機

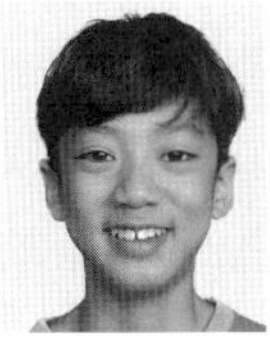

シラチャ日本人学校（タイ）
小五　西《にし》川《かわ》航《こう》太《た》
（海外滞在年数八カ月）

評　「トゥクトゥク」は、タイなどの東南アジアの国々でよく見かける、三輪自動車のタクシー。後ろに乗せてもらって、走り出すと、風通《かぜとお》しがよいのでまことに気持ちが良いものです。とりわけ、街を出て、広野に出れば、その爽快《そうかい》さは言葉にはできません。感動を言葉にするという難しさを、この作者はかるがるとやってのけました。この句では、トゥクトゥクで風を浴《あ》びる快《こころよ》さを。自然が扇風機《せんぷうき》になった、と独自の表現で鮮やかに言い当てました。

「俳句」の部　特選作品

あおいしばつかまらないぞさあにげろ

トロント補習授業校（カナダ）小一　伊《い》藤《とう》幹《かん》太《た》
（海外滞在年数十一カ月）

評　あおあおとしたしばふのうえで、おいかけっこをしているのでしょう。「つかまらないぞ」も「さあにげろ」も、話し言葉でできています。あらたまった書き言葉ではなく、話し言葉をつかったことで、こどもたちのおにごっこのばめんがいきいきと見えてきました。こんなふうにあおいしばふのうえであそんだら、どれほどきもちがよいことでしょう。おとなもこどもも、幸せなきもちにしてくれる一句です。

なめくじやお前はまるで簡体字

上海日本人学校（浦東校）（中華人民共和国）中一　植《うえ》田《だ》維《い》真《しん》
（海外滞在年数十二年）

評　「簡体字《かんたいじ》」は、ふくざつな漢字を、かんたんに直したもの。画数《かくすう》が少なく、さっぱりして見えます。驚いたのは、「なめくじ」を簡体字にたとえたという発想《はっそう》です。いままでそういう目でナメクジを見たことはなかったのですが、何匹《なんびき》かが集まって、はっているところを見ると、なるほど簡体字に似ているなあと納得《なっとく》させられました。思いがけない言葉どうしの出会いは、世界の新しい見方を示してくれるのですね。

卵ぬる窓の外にはひばりかな

ロンドン補習授業校（イギリス）中二　大津《おおつ》　茉莉花《まりか》
（海外滞在年数十年七カ月）

評　「卵ぬる」というところで、イースターの飾りつけの準備をしていることがわかりますね。そこからちょっと目をそらして、外でさえずっている「ひばり」を登場させたところに、工夫《くふう》があります。光あふれる春が来たことを、人間の世界と自然の世界、両方から表現しています。家の中と外の対比《たいひ》がばっちり決まっていて、春ののどかな時間と空間が、おおらかに詠《よ》みこまれています。

「俳句」の部　優秀作品

ゆきとけてことりもいぬもうれしそう

トロント補習授業校（カナダ）小一　森《もり》田《た》悠《はる》誠《なり》
（海外滞在年数五カ月）

てつぼうだすうぃんぐしたらすずしいひ

ニューヨーク育英学園サタデースクール（NJ校）（ニュージャージー州）小一　天《あま》野《の》綾《あや》
（海外滞在年数六年五カ月）

すてきだなはなびのいろのわんぴいす

オークランド補習授業校（ニュージーランド）小一　永《なが》田《た》こと
（海外滞在年数七年）

ソーダ水お空とかんぱいコップにチュ

サンディエゴ補習授業校（カリフォルニア州）小一　木《き》原《はら》　友里楓《ゆりか》
（海外滞在年数六年八カ月）

イグアナがやしの木のぼるプールサイド

マイアミ補習授業校（フロリダ州）小二　ゴードン　イノク　生慈《せいじ》
（海外滞在年数四年九カ月）

ゆきとけたすぐにぼうしのいる日ざし

トロント補習授業校（カナダ）小二　竹《たけ》内《うち》　勇《ゆう》翔《と》
（海外滞在年数七年十カ月）

チョコクッキーポリスがくばるソリすべり

ニューヨーク育英学園アフタースクール（ニュージャージー州）小二　金《かね》子《こ》　奈《な》良《ら》
（海外滞在年数一年十カ月）

プレイデートしてたらきゅうにかみなりだ

ニュージャージー補習授業校（ニュージャージー州）小二　山《やま》本《もと》千《ち》幸《さ》

（海外滞在年数四年七カ月）

あかちゃんがあしをバタバタなつのくも

ニューヨーク補習授業校（ニューヨーク州）小二　宮《みや》本《もと》祥太朗《しょうたろう》

（海外滞在年数四カ月）

ハチドリのたからものだよひかるはね

パナマ日本人学校（パナマ）小三　緒《お》方《がた》彰《あや》紀《き》

（海外滞在年数一年六カ月）

カーニバル行しんしたよゆかたきて

ジュネーブ補習授業校（スイス）小三　音《おと》野《の》理《り》那《な》

（海外滞在年数三年六カ月）

かたつむりつめたいあめのなかすすむ

ケルン補習授業校（ドイツ）小三　ヘックベン和仁《なぎと》
（海外滞在年数八年四カ月）

シアトルでそだてたよもぎいいゆだな

シアトル補習授業校（ワシントン州）小三　笹《ささ》部《べ》由《ゆ》菜《な》
（海外滞在年数七年二カ月）

きいろくろ風がすずしいりきしゃの絵

ムンバイ日本人学校（インド）小三　藤《ふじ》原《わら》由《ゆ》衣《い》
（海外滞在年数三年十一カ月）

上を見るゆっくり下に雪のつぶ

ニューヨーク育英学園（全日制）（ニュージャージー州）小三　大《おお》西《にし》陽奈子《ひなこ》
（海外滞在年数十一カ月）

冬の海お城のまどにアホウドリ

ワイタケレ補習授業校（ニュージーランド）小四
角《かど》島《しま》　勇《いさ》
（海外滞在年数十年三カ月）

ゆきどけにくさたべにくるうさぎさん

トロント補習授業校（カナダ）小四
高《たか》野《の》志《し》帆《ほ》
（海外滞在年数十一カ月）

しいの実を埋めるエゾリス鼻に雪

ミネソタ補習授業校（ミネソタ州）小四
リダー　蓮《れん》太《た》郎《ろう》
（海外滞在年数七年十カ月）

せつぶんにヘーゼルナッツじゃいたすぎる

イスタンブール補習授業校（トルコ）小四
成《なる》瀬《せ》歩《あゆ》夢《む》
（海外滞在年数十一カ月）

ばあばのねぎかきたまじるにパラパラと

シドニー補習授業校（オーストラリア）小四　宮《みや》本《もと》聖《まさ》基《き》
（海外滞在年数九年八カ月）

ぽこぽことこごえる山にふきのとう

ジュネーブ補習授業校（スイス）小四　レラ　咲《さ》也《や》香《か》
（海外滞在年数九年十一カ月）

イグアナさん毎日マンゴーねらってる

マイアミ補習授業校（フロリダ州）小四　林《はやし》　ジェイデン
（海外滞在年数十年二カ月）

かまくらでポケモンバトルもえてくる

ワイタケレ補習授業校（ニュージーランド）小四　松《まつ》永《なが》　怜《れい》
（海外滞在年数八年六カ月）

せみしぐれ母のふるさと海のまち

チューリッヒ補習授業校（スイス）小四　ヴュースト　アウレリア
（海外滞在年数九年十一カ月）

暑い国あちこちにある神のぞう

カイロ日本人学校（エジプト）小四　矢《や》﨑《ざき》　凛《りん》
（海外滞在年数三年四カ月）

せみつかむままがよろこぶパパにげる

上海日本人学校（虹橋校）（中華人民共和国）小五　西《にし》野《の》　玲《りん》佳《か》
（海外滞在年数十一年）

こいのぼり旅立つぼくを見送る目

上海日本人学校（虹橋校）（中華人民共和国）小五　金《かね》田《だ》　樹《いつ》季《き》
（海外滞在年数一カ月）

パンダの子寒さを気にせず笹を食う

上海日本人学校（浦東校）（中華人民共和国）小五　馬《ま》庭《にわ》麻《ま》耶《や》
（海外滞在年数四年十一カ月）

あめ上がりワイタンつつむながいにじ

上海日本人学校（浦東校）（中華人民共和国）小五　栗《くり》田《た》美《み》怜《れい》
（海外滞在年数一年七カ月）

おびをしめ空にまう花見に行くぞ

ホーチミン日本人学校（ベトナム）小五　山《やま》口《ぐち》ゆい
（海外滞在年数五年六カ月）

湖に雪山うつるマケドニア

アムステルダム補習授業校（オランダ）小五　マトスキー仁《に》心《こ》良《ら》
（海外滞在年数十年七カ月）

夏のよい本気のバスケ父さんと

ニューヨーク日本人学校（コネチカット州）小五　久《く》保《ぼ》諒《りょう》輔《すけ》

（海外滞在年数五年十カ月）

小鳥達つぼみのマイクで歌歌う

ニューヨーク育英学園サタデースクール（NJ校）（ニュージャージー州）小五　佐《さ》久《く》間《ま》まゆ

（海外滞在年数十一年二カ月）

碁石打つ音をかき消す蟬の声

個人応募（大韓民国在住）小五　阿《あ》部《べ》礼《れ》葦《い》

（海外滞在年数十年）

象に乗りゆらりぐらりとむぎわらぼう

シラチャ日本人学校（タイ）小五　大《おお》矢《や》萌《も》絵《え》

（海外滞在年数七カ月）

スコールにチンチョがかくれる家の中

シラチャ日本人学校（タイ）小五　鈴《すず》木《き》結《ゆ》愛《あ》
（海外滞在年数十カ月）

雪つかむすぐにとけちゃうまたつかむ

オークランド補習授業校（ニュージーランド）小五　金《かね》丸《まる》仁《に》紀《こ》
（海外滞在年数六年）

ライン川ひつじが草食べああ春だ

デュッセルドルフ日本人学校（ドイツ）小五　三《み》浦《うら》千《ち》鶴《づる》
（海外滞在年数一年三カ月）

夏休み宿題終わらせドア開ける

ラスベガス補習授業校（ネバダ州）小五　大《おお》野《の》一《いっ》心《しん》
（海外滞在年数十年三カ月）

妹の寝顔眺める長い白夜

ストックホルム補習授業校（スウェーデン）小六　川《かわ》口《ぐち》俊太郎《しゅんたろう》
（海外滞在年数五年四カ月）

ねはんぞう夏休みのぼく瓜二つ

シラチャ日本人学校（タイ）小六　髙《たか》橋《はし》應《おう》介《すけ》
（海外滞在年数四年三カ月）

ハロウィンにたった一日たんじろう

ウェールズ補習授業校（イギリス）小六　ウィリアムス健蔵《けんぞう》
（海外滞在年数十二年）

ニーハオのえがおで育つライラック

上海日本人学校（虹橋校）（中華人民共和国）小六　三《み》本《もと》英《は》奈《な》
（海外滞在年数八カ月）

夕涼やセーヌにのびるぼくのかげ

パリ日本人学校（フランス）小六　平《ひら》澤《さわ》　龍《とおる》
（海外滞在年数四年）

ナーン焼く腕つたう汗タンドゥール

イスラマバード日本語クラブ（パキスタン）中一　白《しら》井《い》奏《そう》伍《ご》
（海外滞在年数十二年九カ月）

世界一ひしめく国の溽暑なり

ムンバイ日本人学校（インド）中一　丸《まる》井《い》恭《きょう》子《こ》
（海外滞在年数十一カ月）

ホッケーのターフの上にもみじかな

カンタベリー補習授業校（ニュージーランド）中一　生《うぶ》方《かた》ジュピ
（海外滞在年数十二年四カ月）

ベランダにサイチョウの群れ集う朝

プノンペン日本人学校（カンボジア）中一　時《とき》任《とう》幸之助《こうのすけ》
（海外滞在年数二年六カ月）

パンの香と光の満ちる朝寝かな

青島日本人学校（中華人民共和国）中二　蒲《かま》　理《り》奈《な》
（海外滞在年数十三年十カ月）

春雨にそっとのせけりチェロの音

青島日本人学校（中華人民共和国）中二　蒲《かま》　初《はつ》音《ね》
（海外滞在年数十三年十カ月）

朝霧や試験会場向うバス

ロサンゼルス補習授業校（トーランス校）（カリフォルニア州）中二　佐久間《さくま》　ここ
（海外滞在年数十三年十一カ月）

すきまから金馬車見ゆる樹の若葉

ロンドン補習授業校（イギリス）中二　勝《かつ》田《た》拓《たく》海《み》
（海外滞在年数十四年三カ月）

初夏の風教頭先生キーパーだ

バルセロナ日本人学校（スペイン）中三　前《まえ》田《だ》悠《ゆう》志《し》
（海外滞在年数四年）

カランカランアイスコーヒーリズミカル

ホーチミン日本人学校（ベトナム）中三　平《ひら》田《た》朝《あさ》陽《ひ》
（海外滞在年数六年四カ月）

ペダル踏み路面電車を抜かす虹

リスボン補習授業校（ポルトガル）中三　小《こ》橋《ばし》利《り》夫《お》
（海外滞在年数十三年九カ月）

あめのあと静かにすごすプルメリア

ペラ補習授業校（マレーシア）中三　角《かく》谷《たに》晏《あん》伶《れい》

（海外滞在年数十四年八カ月）

すべてが些事寄せてはかえす夏の海

マイアミ補習授業校（フロリダ州）中三　鈴《すず》木《き》豊《とよ》久《ひさ》

（海外滞在年数十一年）

「俳句」の部

「佳作入選者」一覧　137名

《小　一》

今田大稀　パリ日本人学校
宮岡パコラ ルイス　ニューヨーク育英学園サタデースクール（マンハッタン校）
吉川結菜　ニューヨーク育英学園（全日制）
鳥羽イーサン　オークランド補習授業校
獅々田エミリ　オタワ補習授業校

《小　二》

武田花笑　トロント補習授業校
西山成彬　ニューヨーク育英学園サンデースクール
坂本明香　ニューヨーク育英学園（全日制）
渥美友朗　オスロ補習授業校
小野紗寧　深圳日本人学校
髙橋慶　深圳日本人学校
右田康一郎　パナマ日本人学校
近田悠澄　セントルイス補習授業校
山中慧樹　ワシントン補習授業校

《小　三》

茂木聡志　ハノイ日本人学校
中野七嘉　ハノイ日本人学校
小倉裕希　ホーチミン日本人学校
松浦七海　ホーチミン日本人学校
赤池仁孝良　ジュネーブ補習授業校
平田奈々美　ジュネーブ補習授業校
ベンネ晴凪　ジュネーブ補習授業校
前川楓佳　オーランド補習授業校
牛尾はな　韓国・ブンダン日本語補習授業校
平井志央理　サンパウロ日本人学校
上田結愛　サンパウロ日本人学校
浜島季子　ジャカルタ日本人学校
長澤和奏　ミュンヘン日本人学校
尾﨑湊　ダラス補習授業校
佐藤未空　ダラス補習授業校
豊廣丈　ダラス補習授業校

ファユ フェリックス　サンジェルマン・アン・レイ補習授業校
針間玲奈　ニューポートニュース補習授業校
カディーリ綾　オタワ補習授業校
中島慶太　カイロ日本人学校
原杏慈　カイロ日本人学校
塚谷文　オークランド補習授業校
瀬戸日莉　ウェールズ補習授業校

《小四》

長山実萠彩　ホノルル補習授業校
嶋根祐来　デュッセルドルフ補習授業校
小坂井優太　プノンペン補習授業校
石川志真人　ニューヨーク育英学園サンデースクール
仁戸田悠心　カンタベリー補習授業校
水野亜怜　ジュネーブ補習授業校
真田幸昌　上海日本人学校（浦東校）
戌亥仁奈　サンジェルマン・アン・レイ補習授業校
白谷そよぎ　ジャカルタ日本人学校
鈴木紗來　ジャカルタ日本人学校
坂口瑠那　ジャカルタ日本人学校
ラヅガブ ィブラヒム　チュニス補習授業校
王創　オークランド補習授業校
阿部聖央　ローマ日本人学校
ノボア光希　キト補習授業校
小野桃香　天津日本人学校
中兼結衣　ハノイ日本人学校
長瀬茉子　ハノイ日本人学校
林悠太　ハノイ日本人学校
稲荷希帆　ハノイ日本人学校
西宮帆夏　ハノイ日本人学校

《小五》

碇七海　パリ日本人学校
伊藤大智　シカゴ日本人学校
安田愛華　ニューヨーク育英学園フレンズアカデミー
リン海心　ニューヨーク育英学園サンデースクール
三宅まいあ　ニューヨーク育英学園サタデースクール（NJ校）
坂東優衣　ニューヨーク育英学園（全日制）
神田龍一　ニューヨーク育英学園（全日制）
田頭青舞梅　ジュネーブ補習授業校
田中政宗　ジュネーブ補習授業校
小泉遼仁　上海日本人学校（虹橋校）
三谷莉紗　上海日本人学校（浦東校）
呉瑞希　上海日本人学校（浦東校）
鈴木蒼祐　上海日本人学校（浦東校）
和田光輝　シアトル補習授業校

黒田理生　シアトル補習授業校
西村瞭慶　ウィーン日本人学校
山本莉乃　バルセロナ日本人学校
大浦裕貴　バンクーバー補習授業校
ゴードンルーカス　ロサンゼルス補習授業校（オレンジ校）
黒木結海　ロサンゼルス補習授業校（オレンジ校）
小穴翼沙　ロサンゼルス補習授業校（サンタモニカ校）
島川航　ムンバイ日本人学校
成川瑞希　大連日本人学校
嶋田栄主　プノンペン補習授業校
伊藤すず　ヤンゴン日本人学校
辻英　ハノイ日本人学校
ロウィ英茉　シャーロット補習授業校
高松屋まどか　ナイロビ日本人学校
仁戸薫　ロンドン日本人学校
川島藍　アムステルダム日本人学校
三好未来　ポートランド補習授業校
安達愛渚　コロンバス（OH）補習授業校
森英理子　オークランド補習授業校
河合結太　サンフランシスコ補習授業校（サンノゼ校）

《小六》

澁谷妃那乃　カンタベリー補習授業校
バッソン阿部リザ　パリ南日本語補習校
酒見慧太　マッカーレン補習授業校
北浦美結　シラチャ日本人学校
野田結佳　シラチャ日本人学校
長谷川美奈　ロサンゼルス補習授業校（トーランス校）
原田惇平　ジュネーブ補習授業校
井内環　シアトル補習授業校
田辺創一朗　青島日本人学校
張桃寧　ロンドン補習授業校
キャノン万矢　オースチン補習授業校
木村一朗　グレータールイビル補習授業校
吉川摩耶　シドニー補習授業校
青木咲藍　シドニー補習授業校
西村優心子　ウィーン日本人学校

《中一》

上原武虎　高雄日本人学校
成瀬杏莉　高雄日本人学校
リード賢斗　トロント補習授業校
直井稜　カンタベリー補習授業校
宮内琳煌　北東イングランド補習授業校
細川佳生　オーランド補習授業校
グッドウィン莉亜　ロンドン補習授業校

稲垣　仁千花　シャーロット補習授業校
東山　祥乃和　ニューヨーク育英学園サタデースクール（ポートワシントン校）

《中　二》
遠藤　乃愛　バンドン日本人学校
フォン ハーモニー　パース補習授業校
平山　紗彩　アスンシオン日本人学校
武藤　力　ニューヨーク育英学園サタデースクール（マンハッタン校）
岩﨑　優樹　ハノイ日本人学校
水上　夏月　ハノイ日本人学校
脇　文香　オークランド補習授業校
ブイトロン 光叶　キト補習授業校
田中　美穂　ハートフォード補習授業校
岡﨑　一之助　上海日本人学校（浦東校）

《中　三》
池上　侑希　プリンストン補習授業校
ホン リーズリン　ニュージャージー補習授業校
小林　麻里香　ティルブルグ補習授業校
マッカイ　紅愛　カンタベリー補習授業校
千田　美空　デュッセルドルフ日本人学校
入江　奏千子　ニューヨーク補習授業校
キング 小晴　オークランド補習授業校
島﨑　嵐丸　プノンペン日本人学校
宜保　百香　青島日本人学校
川口　小春　バンクーバー補習授業校
春名　晃宇　パリ日本人学校

第44回 海外子女文芸作品コンクール

「作文」の部

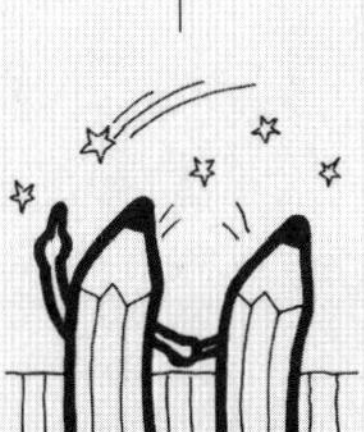

「作文」の部 総評

『よみがえる輝き』

宮地《みやち》敏子《としこ》（児童文学者）

「輝きがもどってきましたね」
「明るい前向きな作品が多かった」
「子どもらしい元気さに、未来を感じました」

審査会の冒頭に、一人ずつ十二名の審査員が発言されるたびに、笑顔の頷《うなず》きが広がり、座《ざ》が和《なご》やかになっていきました。今年度、作文部門には昨年より四六八多い二千六百三十二点の応募がありました。一次二次審査を経た三十七作品が、最終審査員の前にきらきら並びました。

まず、審査基準として、新鮮な海外生活が表現されていること、適切《てきせつ》な表現がなされていること、年齢（学年）にふさわしいものであることの三つの留意点《りゅういてん》が、文芸作品の応募作品には共有されています。しかし、海外での生活のほうが長くなっているお子さん、滞在地生まれのお子さんの挑戦数が、グローバル化に伴い増え続けています。コロナへの言及《げんきゅう》や、戦争が、情報ではなく子どもの実生活に影響している作品も少なからずありました。特に、オンライン授業が浸透する中、手書きでしかも縦書きの日本語で、自分で着眼《ちゃくがん》し、構想を練り、表現すること、読み手に伝わるように表現するのは、なかなかの難行です。生来《せいらい》、好奇心旺盛《おうせい》な子どもの、自由を抑えざるを得なかったコロナの時期、家庭でも学校でも、子ども自身が主体的に学び、内から輝きが生まれるには、寄り添う大人たちの意識的な教育への配慮が必須でした。今回は昨年にも増して、一つ一つの作品の背後に、それを強く感じました。

次に、作文の部門では、子どもたちの多彩な着眼が大きな話題となり、しかも、審査員の選出した作品の評価が分散せず、共感度が高く、過半数を得た作品で既定《きてい》の高評価枠をほぼ満たしました。世界で広く、コロナで行動が規制されたなかで、内に向かったエネルギーが、見るが観る、聞くが聴くに、着眼力を磨いたのでしょうか。小学二年生の『**ぼくのチャレンジ**』（文部科学大臣賞）の自分を見つめる目。お読みになって、いかがですか。同五年生の『**当たり前が当たり前じゃない**』（海外子女教育振興財団会長賞）は、コロナが流行後、お箸の使い方を教えてほしいと友達に言われ、日本文化と初めて真剣に向き合い、考えを深めていく成長が伝わります。

票のばらつきが少なく、高い評価を得た作品群には、わくわくしたり、へえっと驚いたり、不思議がひろがったり、面白さがいっぱい詰まっています。この作品集を広げて、ぜひ家庭や学校で読み合ってください。

最後に、着眼のすばらしさが、さらに輝きを増すにはどうすればいいかという意見もありました。頭でっかちな構想や誤字《ごじ》を見直し、作文の技法など、表現の工夫を期待します。子どもらしい素直な好奇心は、書こうとする意欲は生み出しても、文章の構成とか、語彙《ごい》や書写の美、文法などの日本語の知識を高める機会があれば、さらに感動を呼ぶ作品になると思えます。この傾向は選ばれなかった作品には多かったのです。先生やお父さんお母さんと話し合って、せっかくの着眼を豊かにして、輝く作品をぜひお寄せください。

待っています。

▼文部科学大臣賞

『ぼくのチャレンジ』

ニューヨーク補習授業校（ニューヨーク州）
小二　田《た》附《づき》行《ゆき》正《まさ》
（海外滞在年数八カ月）

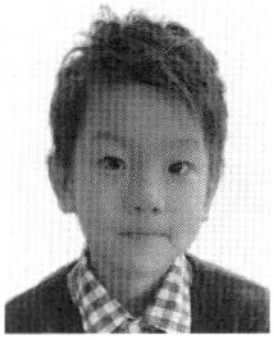

この六月でアメリカの小学校に通いはじめてから、七か月になります。

えい語はまだまだむずかしいけど、今では友だちがたくさんでき、じゅ業では手をあげてはっぴょうすることもあります。まい日がとても楽しいです。

でも、ここまでくるにはチャレンジのくりかえしだったなと思います。

はじめて学校に行った日は、とてもきんちょうしましたが、ちょっとクラスメートのまねをするだけで、先生が頭をなでてとてもほめてくれました。

ぼくは一日でアメリカの学校が大すきになりました。

でも、二日、三日とたつうちに、ぼくは少しずつさみしくなってきました。

すきなあそびのこと、きのう食べたばんごはんのこと、こわいゆめを見たこと、おもしろかったテレビの話、ほうか後何をしてあそぶかのそうだん、日本にいた時は友だちとあたり前にできていた会話なのに、アメリカではぼくは一人ぼっちでした。

ぼくは友だちがほしいと思いました。

だけどえい語が分かりません。

だからぼくはへん顔をしたり、大きな声で日本語の歌を歌ったり、ふざけてクラスメートをわらわせたりしま

＊（　）内は滞在国・地域を表し，アメリカ合衆国については州名を記載。
海外滞在年数は2023年７月現在の年数を記載。

した。

友だちはわらってくれたけど、さいしょあんなにほめてくれた先生からはすごくすごくおこられました。

ママは何回も先生からよび出され、「今まで何人も日本人の子どもを見てきましたが、日本人はどの子もとても大人しく、こんなに言うことを聞かない生とははじめてです‼」

と言われたそうです。

日本では、ほ育園でも小学校でも、ぼくは先生からおこられたことがあまりありませんでした。

ママとパパと何回も何回も話し合いをしました。

ぼくは自分の気もちを日本語でも上手につたえられなくて、くやしくてたくさんなきました。

「ぼくがずうっとだまって一言も話さなくても、ちゃんと学校はおわるんだよ。でもそれじゃいやなんだ。それじゃぼくがクラスにいないのと同じことでしょ。」

ママもパパも「よくわかった。がんばってたんだね。」

と言ってだきしめてくれました。

ぼくはまたなきました。ママもないていました。

今思い出しても、先生の言うことを聞かなかったことはだめだったと思います。

でもぼくは、後かいはしていません。

きっと今、七か月前にもどっても同じことをすると思います。

今、ぼくにはなかよしの友だちが何人もいます。まい週プレイデートをして、水てっぽうやトランポリン、レゴであそんでいます。

えい語にも少しずつなれてきて、もう先生からおこられることもほとんどありません。

ぼくはアメリカに来て半年で、すごくレベルアップしたと思います。日本ではできなかったレベルアップです。

きっと、これから起こるチャレンジものりこえて行こうと思います。

▼海外子女教育振興財団会長賞

『当たり前が当たり前じゃない』

シカゴ補習授業校
（イリノイ州）
小五　野《の》上《かみ》哩《り》誉《よ》
（海外滞在年数三年九カ月）

「大きくなったら世界中に友達を作って、私の国の良いところを知ってもらいたい。そして好きになってほしい。」

これは、私が日本の幼稚園の卒業式で言った言葉です。私は、生まれてから三年間、台湾で過ごしました。そして、卒園式の半年後、私はアメリカへ引っ越すことになるなんて夢にも思いませんでした。

最初、アメリカに来た時、私はこの言葉をすっかり忘れていました。なぜなら、アメリカに来てすぐコロナが流行し、約二年間リモート授業で、英語を話せるようになるのにせいいっぱいだったからです。

それから三年が過ぎ、私は四年生になりました。すっかり現地にもたくさんの友達ができ、毎日一緒に勉強したり、ふざけたり充実した日々を過ごしていました。ある昼食の時間、私はいつも通り、決まって母の作るお弁当を食べていました。すると、友達が、

「哩誉はいつもおはしを使って食べるんだね。どうやって使うの？　それは何？」

と、卵焼きを指さして言いました。その時、ふとあの卒園式での言葉を思い出しました。おはしの使い方を教えてほしいと言う友達に、私はえん筆を使って教えてあげました。次の日、なんとその友達は日本食スーパーで買ってきた、ご飯と割りばしを持ってきて、上手にご飯を食べました。美味しそうに食べる友達を見て、私はとても嬉しくなりました。すると、クラスのみんなも興味を持って、

「日本について色々教えてほしい。」

と言ってくれました。

ちょうどその時、授業で、「あなたのおすすめの場所について」という課題があり、私はチャンスだと思いました。私はもちろん日本を取り上げることにしました。ところが、私の知っている日本は、家の中と、土曜日に通う補習校の小さな世界だけでした。私は、少しショックでした。自分の国について知っていることがあまりにも

少ない自分が恥ずかしくなりました。私は日本について調べてみることにしました。国旗について、伝統行事、言葉、音楽についてなど、私の知らない日本がたくさんありました。また、私は、自分が体験したことを伝えようと思い、半年だけ通った日本の小学校について、アメリカの学校との違いを考えてみることにしました。思い出すと、私は毎日、重いランドセルを背負って、学校まで一人で歩いて通っていました。それが当たり前でした。でもアメリカでは家の前までスクールバスが来てくれます。遊びに行くにも、習い事に行くにも、母の車で行きます。このことをクラスで発表すると友達はみんな目を丸くしておどろきました。そして、みんな、

「一人で歩いて行けるなんて、うらやましい。」と言いました。私は少しほこらしい気持ちになりました。と同時に、日本が安全な国であることを友達の言葉から、改めて気づかされました。そして、一番みんなが興味を示したのが、給食です。美味しいだけでなく栄養を考えて作られる給食について説明すると、みんなが声をあげて、

「すごい。アメリカのホットランチとは違って、健康的だね。食べてみたい。」

と感心していました。ホットランチとは、前もって注文しておくと、お昼にピザやハンバーガーがお店から届いて配られるものです。私はアメリカに来たばかりのころ、学校の昼食でピザを食べることにとてもびっくりしました。でも、今では普通のことですし、午前中にはスナックタイムもあり、簡単なおやつを食べながら授業を受けることもあります。日本では考えられません。私は「違い」を見つけることで、当たり前に思っていたことがそうではないことに気づき、また友達の感想から改めて自分の国をほこりに思い、好きになりました。


　日本の良い面も悪い面も外国にいるからこそ分かることがあります。また、日本を知ることで、外国の良い面と悪い面にも気づかされます。今、私は四年生の最終週です。日本に興味を持ってくれた友達は夏休みに日本へ旅行に行くそうです。また、日本語にも興味を持ってくれて、勉強を始めた友達もいます。とても嬉しいことです。でも、私の日本探求の旅は始まったばかりです。あと一年もすれば私は日本へ帰国します。日本に帰ったら、もっと日本を知り、そして、日本からみた外国についても知りたいと思います。きっと今のアメリカでの当たり前の生活が違ったものに見えるのではないかと思います。

▼日本放送協会賞

『日本で出会った忍者たち』

ニューヨーク育英学園サタデースクール（ポートワシントン校）（ニューヨーク州）
小四　上《うえ》田《だ》　明《めい》
（海外滞在年数九年三カ月）

　去年、四年ぶりに日本に行きました。さい後に行ったのは、わたしが四才の時だったので、あまりよく覚えていませんが、去年の旅行ではおどろくことがたくさんありました。

　お父さんやお母さんから聞いて知ってはいたけど、わたしより小さな子どもが本当に一人で道を歩いていたり、電車に乗っていたり、ラーメン屋さんに行くと、お店の入口に食券の機械があったり、ホームの時こく表に書かれている時間ぴったりに電車は来ました。デパートのエレベーター前にはきれいなお姉さんが立っていて、みんなおなかに手を当ててゆっくりお辞ぎしたり、ふしぎな声でアナウンスをしていました。その声は、どのデパートで見るお姉さんも同じでびっくりしました。そして、一番おどろいたのは、日本には忍者みたいな人がたくさんいたことです。

　まず、こんでいる電車では、「く」の字に反り返って立っている人や、ドアからはみ出ないように両手をドアの上に引っかけてムササビみたいになっている人を何度も見ました。すごく暑いのにみんなマスクをしていて、苦しそうな顔としせいで一言もしゃべらず、ずっとななめ下を見ながら立っていました。忍者の「忍」は「たえる・がまんする」という意味らしく、そのたえている様子は、まるで忍者のようでした。

　また、洋服屋さんに行っていろいろな洋服を見ていると、「そのお洋服かわいいでしょー。」と、わたしの後ろや、洋服かけの間からとつぜんお姉さんが出て来ることがあって、何度もおどろきました。忍者の「忍」には「忍び」といって「ひそかにかくれる」という意味もあるそうです。あのお姉さんは実は女忍者「くノ一」で、ひそかにかくれて、わたしをじっと観察し、わたしが洋服にさわったしゅん間、足音を消して近づいてきたのだと思います。

　一番忍者みたいだったのは、タクシーの運転手さんでした。自動で開くドアのタクシーもありましたが、時々、運転手さんが手でドアを開けてくれることもありました。そのスピードがおどろくほど早くて、人間とは思えませんでした。とう着してお会計がおわったと思ったしゅん間、運転手さんは目に見えないぐらいの速さで車をおりて、一秒後ぐらいには反対がわの後ろのドアを開けていました。あの運転手さんは、ぜったい忍者です。

　そして、温せん旅館に行った時には、本当に忍者みたいなかっ好をしたおじさんやお兄さんがフロントにいました。部屋に行くと、風船みたいにぱんぱんにふくらんだ座布団があり、ふかふかすぎてバランスよくすわるのが、忍者しゅ行みたいにむずかしかったです。それに、わたしたちが夕食を食べて部屋に帰ってくると、人が入ってきた気配は全くないのに、きれいにおふとんがしかれていました。

　お母さんは、「それは、外国人がおどろく日本のおもてなしね。」と言っていましたが、そのこっそりやるおもてなしは、忍者の「忍び」にあるのではないかと、わたしは思います。忍者がいたのは昔のことだそうですが、昔にいたということは、今もその子そんがいるはずです。

　わたしが出会った洋服屋のお姉さんも、タクシーの運転手さんも、電車の中で見た人たちも、もしかしたら忍者の子孫かもしれません。今度日本に行ったら、まわりの人をよく観察してみます。

▼JFE21世紀財団賞

『赤マル花マル二重マル』

デュッセルドルフ補習授業校（ドイツ）
小四　荻《おぎ》原《はら》　心《こころ》
（海外滞在年数九年六カ月）

「ギムナジウムに行ったらもっといやなことになるわよ。」

　ある日、ドイツのげん地校のたんにんのクライン先生は、テストを返してくれた時に、こう言いました。わたしはふ思ぎに思って、何のことか聞いてみました。そしたら、びっくりする答えが返ってきました。

「五年生からは、テストは赤でさい点されるのよ。」

　わたしは、毎週土曜日に日本語ほ習校に通っていますが、そこではどの先生も、テストや宿題を赤でチェックしてくれます。宿題がちゃんとできたら大きなマルや二重マル、そして、わたしがいちばん好きな花マルもつけてくれます。テストで答えが合っていたら全部にマルがついていて、百点だったら、大きく「１００点」と書いてあって「やったぞ。」という気持ちになります。でも、もし、これが全部青とか緑だったら、わたしは何か物足りない気持ちになってしまうでしょう。

　ドイツ人の友達に、ほ習校ではテストは赤でさい点してもらうことを言ったら、

「赤色は、日本の国旗の色だから、日本人はきっと好きなんだね。」

と、言いました。でも、ドイツの三色の旗にも赤色があって、それにには、じょう熱という良い意味があります。だから、赤がクライン先生にとって、どうしてそんなにいやな色なのか、ふしぎに思って教室を見わたしました。

　すると、おもしろいことに気づきました。黒板のとなりに緑・黄・赤の大きな信号の絵があり、その中では赤は悪い意味を指しています。毎朝、緑のマルの横に、みんなの名前が書いてあるせんたくバサミがつけてあって、じゅぎょう中にたいどが悪い子がいたら、先生は、その子のを黄色のマルの横に動かします。その後、もっと悪いことをしたら、今度は赤に動かします。まるで、サッカーのレッドカードのようです。

　それから、クライン先生が返してくれるテストにも、信号がかかれていることに気づきました。チェックは黒でしてくれて、点数がいいと緑の顔、まあまあいいと黄色の顔をかいてくれます。

　でも、ほ習校では、信号の絵を見たことはありません。教室には、赤でぬってある紙があったり、クラスの集合写真が赤の紙にはってあったりしますが、それらの赤は目立たないし、悪い意味もありません。

　もう一つ気づいたのは、ドイツの先生はテストや宿題の答えが合っていたら、小さくチェックをしてくれるのに対し、日本の先生は、大きくマルをしてくれることです。インターネットで調べたところ、テストで答えが合っていた時にマルがつくのは、日本とかん国だけだそうです。かん国のマルは、「ＯＫ」の「Ｏ」だそうですが、日本のマルはどうでしょうか。日本のマルは、二重マルや花マルにもなったりするので、「Ｏ」ではないと思いますが、それを、だれがどこでどうして広めたのかは、まだ調べているところです。

　でも、一つ考えたことがあります。それは、日本人にとって、マルも赤色と同じように、良い意味があるとい

うことです。辞書で調べてみると、「丸」は、円や球の形を指すだけでなく、「全部」とか「かん全」とか「ちょうど」の意味もあると書いてあります。そして、「丸い」は、おだやかであるという意味もあります。

　丸にはこういった良い意味があるので、日本の先生は、テストや宿題にたくさんマルをしてくれたり、マルを何重にも書いてくれるのでしょうか。そして、まん点の時には、大きく「１００点」と書いてくれるのでしょうか。「１００点」には、「００」とマルがふたつあります。ドイツの学校ではもらったことはありません。例えば、二十五点のテストで、まん点だったら、「25／25」と書いてあります。

　ほ習校で返してもらったテストを、げん地校に持っていきました。ドイツ人の友達は、花マルを見て、

「その雲みたいなの、何。」

と聞いてきました。雲は赤でもないし、丸くもないから、友達には、花マルの赤色もマルも見えていなかったようです。クライン先生に見てもらったら、先生は、

「赤色はWarnfarbe（けいこく色）でしょう。赤でテストを直したら、子ども達は、やる気をなくすと思うから、わたしは使わないのよ。」

と教えてくれました。

　わたしが、赤マルをもらってうれしいのは、日本の学校に通っているからだときづきました。そして、日本の国旗の赤が、丸いことにも気づきました。この丸は、日本の文化は丸の文化で、みんながおだやかで、いつもなか良しだということを意味しているのかなと思います。

▼東京海上日動火災保険賞

『共に生きる』

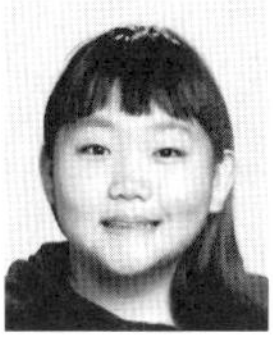

ワシントン補習授業校（バージニア州）
中二　田《た》島《じま》　こはる
（海外滞在年数六年六カ月）

　私はアメリカのバージニア州に住む十三歳。小学校の卒業アルバムに「将来はアメリカで動物の保護をしている」と自分の未来予想図を書いたのは一年前のこと。将来の夢なんて興味や年齢で変わる気まぐれなものだと思

う人もいるだろう。けれど私は、十年後必死に勉強していて、二十年後は動物のために働いている自分の姿が目に浮かぶのだ。

私は幼い頃に、父の仕事でミャンマーへ引っ越した。ペットの猫三匹も一緒だ。ところが、ミャンマーで暮らしていた三年半の間にペットの数は七十三匹に増えたのだった。私の家族はヤンゴンという都市の一軒家で暮らした。私には兄と弟がいて、みんな動物が大好き。犬と猫派の私、魚類と鳥類の図鑑を誕生日プレゼントに何冊もお願いするほどマニアの兄、は虫類に夢中で熱帯気候に生息する青色や赤色のトカゲを追いかけまわしていた弟。そんな生き物好きの三人兄弟のために、ミャンマー人が手土産で持ってきてくれたのが鶏のヒヨコ二羽だった。鶏はオスとメスで、いつしか卵を産むようになり、私はママチキン、パパチキンと名前をつけてかわいがった。卵は一日に一個産んで、十二個くらいになったらママチキンが温め始め、二週間くらい過ぎるとママチキンが卵を足や口で突いてふ化を助けるとヒナが生まれる。日本では卵はパックに入って売られているもので、食べる物だと思っていたから、鶏の産卵とふ化と巣立ちを実際に見て、何度も何度も感動した。ミャンマー人からの手土産は鶏だけではなく、アヒルやウサギやカエル、さらに鳩や魚やモルモットと続いて、子孫繁栄を繰り返しながらどんどん数が増えていったのだ。それを狙うカラスやヘビから守るために、番犬三匹も仲間入りした。

毎日が動物園にいるようなにぎやかな生活だけれど、命の誕生の喜びもあれば死と向き合うことも沢山あった。日本人の私は、動物はペットだと思っていたのでアヒルが死ぬと泣いた。ウサギが死ぬと穴を掘って土葬した。鶏が産卵の途中に息絶えてしまった時は学校を休んだ。けれどミャンマー人は違う。動物が死んだと知ると「食べていいですか?」と質問してくるのだ。なんてひどいことを言うんだと私は怒りを感じていたのだけれど、ある日ヤンゴンの郊外に出かけた時にその理由が分かる光景を目にした。集落の家の周りには、私の家と同じ動物がいっぱいいて人々とともに暮らしていた。けれどそれは家畜に近い存在で、いつか食料にするための飼育だった。生きるために食べることは必要だから非情だとは思えない。逆に、飼っていた動物が死んだ後、食べずに無駄にする日本人の私達のことを「ひどい」とミャンマー人は感じていたのかもしれない。

ミャンマーで知った動物への価値観の違いは大きなショックだった。日本へ帰国する時、すべての動物を連れてゆくことはできないと分かっていたけれど、食べられてしまうのはどうしても納得できなかった。家族で相談して、私達のペットを獣医の健康診断書をつけてヤンゴンの動物園へ寄贈したのだった。

日本に帰国してから、私は急に泣きたくなることや胸が苦しくなることがあった。人と動物の関係について、感情がごちゃまぜになっていたのだと思う。日本では、ペットは愛玩動物として地位を確立しているから食べられることはないと安心していたけれど、あれ？　と違和感を感じることが増えていった。散歩をしている犬が服を着ていたり、ベビーカーに乗っている姿を見かけた。犬の富士子をドッグケアに預けたら、私が幼稚園に通っていたときと同じような連絡帳で一日の様子が詳しく書かれていた。その扱われ方はまるで人間の子供のようだ。けれども、新聞に挟まってくる広告を見ると、特価セールと書かれた子犬やウサギの写真と値段が載っている。まるで特売の商品だ。カメレオンのサンちゃんが逃げ出してしまった時、大急ぎで交番へ行方不明届けを出しに行ったら、遺失物届け受理票という紙をもらった。生きている個体ですらなく「物」だった。動物を擬人化しておきながら所有物という価値観に私はまたショックを受けた。

その頃、立て続けに飼っていたペットが天国へ旅立っていった。言葉で伝えられない動物の痛みや苦しみを察知してあげることができず、骨のガンや、失明や、老衰や、食欲不振による衰弱などで死んでしまった。救える命があったのではないかと後悔した。そして、私は大人になったら獣医になろうと考え始めていった。

動物の命を助ける仕事について、私の考えをガラリと変えたのはアメリカだった。父の転勤で次はアメリカへやって来た。首都のワシントンＤＣから二十キロメートル離れると、ここは森林が広がっていて野生動物がたくさんいる。今住んでいる家の庭には、狐やアライグマや鹿だけでなく、コヨーテやフクロウやグラウンドホッグが毎日のように姿を現す。このような環境で知ったことは「守る」と「放っておく」という行動の大切さだ。

近所のトレイルを散歩している時に「血を流して動かないアライグマがいるから気をつけて」と声をかけられた。その直後に警察官が駆けつけて来た。彼らはアニマルプロテクションポリスで、ペットや野生動物を人道的に支援しながら守る警察官。警察だからパトカーに乗っているし拳銃も所持している。アメリカには、怪我をしている動物を助けたり、動物虐待をしている人を逮捕する警察官がいることにすごく驚いた。

春は野生動物のベビーラッシュで、草むらに子鹿がうずくまっていることが時々ある。絶対に近づいたり触れてはいけないと教わった。子鹿は動かずに親が帰って来るのを待っていて、もし人と接触したら育児放棄されて衰弱死することになるらしい。数年前、いつも庭を横切っている一頭の鹿が横たわっていたことがあり、早速アニマルポリスに通報したら「息をしていなければ放置して欲しい、それがライフサイクルだから」と言われた。埋めるには大きすぎると心配していたけれど、次の日には野生動物に食べられて骨だけになっていた。動物との関わりには適した距離感があることを、今私は暮らしの中で学んでいる。

　ワシントンDCにあるスミソニアン国立動物園を私はよく訪れている。ここにいる動物の四分の一が絶滅の危機にあるそうだ。動物園は保護センターや研究センターを兼ねていて、動物の飼育に携わっているのはいろいろな職種の人だ。飼育の専門家、獣医、遺伝について研究する生物学者、動物学者、そして動物の脅威となる自然破壊について調査する研究者。その活動をパネルで読むことができるだけでなく、繁殖が成功して誕生したベビーが成長していく姿を動物園で見ることができるなんて感動だ。私は、動物を助ける道はいくつもあり、それがどんなに素晴らしくてやりがいがあることかをスミソニアン動物園で学んでいる。

　私の人生はいつも動物に囲まれてきた。そして動物が大好きだ。人も動物も共に生きる世界であってほしい。そんな未来であってほしい。そのために私も頑張ろう。

▼日販アイ・ピー・エス賞

『バスケとえいご』

サンフランシスコ補習授業校（サンノゼ校）
（カリフォルニア州）
小一　片《かた》岡《おか》光《みつ》葉《は》
（海外滞在年数七年一カ月）

　わたしは、バスケがだいすきです。アメリカでバスケのリーグに入って、れんしゅうしています。

　ようちえんのときにはじめて「ワイエムシーエー」という女の子だけのリーグにさんかしました。じぶんのシユートが入って、チームメイトやコーチといっしょにもり上がるときがたのしかったです。でも、まだあまりじょうずではありませんでした。アメリカのいえのちかくのこうえんにはバスケットフープがたくさんあります。そこでシュートのれんしゅうをおとうさんといっしょにいっぱいしました。そしたらシュートをきめるコツをつかめて、シュートのかくりつがとてもたかくなりました。れんしゅうをたくさんしたことで、しあいでもシュートが入るようになって、ゲームにかてるようになりました。

一ねん生になってすぐ、「ネクストレベル」というリーグにさんかしました。そこでは、男の子たちともいっしょにバスケをやるようになりました。でも男の子たちは、女の子にあまりパスをしてくれません。そこで、だれかがシュートしたら、はずれたボールをじぶんでうばえるように、リバウンドをがんばりました。またチームのなかでめだたないといけないとおもい、シュートのかくりつをもっとあげました。がっこうからかえったら、まい日シュート五十本入るまで、いえでもれんしゅうをしました。しあいでシュートがはいるようになると、だんだん男の子たちもわたしにパスをしてくれるようになりました。コーチやチームメイトにたよりにしてもらえて、じしんがつきました。

そのあと「フォーシティ」というリーグにさんかしました。そこでは、三ねん生までの子たちといっしょにバスケをやりました。コーチのしじをえいごできいてりかいしないと、できないれんしゅうをしました。バスケットでつかわれるえいごにも、だんだんなれました。たとえば、ノックアウトというシュートのゲームがあります。早くシュートをきめないとアウトになるゲームです。そのゲームでは、百人の中で二ばんになることができました。ドリブルノックアウトというゲームでは、一ばんになることができました。でも、三ねん生の男の子たちはパスをなかなかしてくれなくて、くやしかったです。たぶん小さい女の子だからかもしれませんが、もっとれんしゅうがひつようとおもいました。

一ねん生のさいごに、「バールドイーグル」というリーグにさんかしました。四ねん生までの男の子たちがさんかするリーグでした。わたしは一ねん生だったので、はじめの日にトライアウトをし、ごうかくすることができました。ここでは、ドリブルのきそのれんしゅうをたくさんしました。わたしは、ドリブルがにがてだったので、いえでドリブルももっとれんしゅうするようにしました。バッククロスオーバーとレッグスルーができるようになりました。ちがうリーグにいくとチームメイトもあたらしくなるので、またみとめられなければいけません。できるだけともだちの名まえをおぼえて、チームメイトとえいごでコミュニケーションをとるようにがんばりました。はじめは、なかなかパスをもらえませんでしたが、名まえをよぶとパスをもらえることもおおくなりました。

しょうらいはWNBAせん手になりたいです。まちだるいせん手のように、オリンピックにも出られるように、もっともっとがんばります。いまのかだいは、パスとチームメイトとのコミュニケーションです。パスのタイミングはむずかしいので、まわりをいつもみないとだめときづきました。また、チームメイトとえいごでコミュニケーションをもっとしないとしあいではパスをもらえません。バスケとえいごのレベルをあげて、チームとコミュニケーションをして、しあいでパスをもっともらえるようにがんばります。

▼日本児童教育振興財団賞

『にじいろの教室』

ニューヨーク育英学園アフタースクール
（ニュージャージー州）
小二　金《かね》子《こ》奈《な》良《ら》
（海外滞在年数一年十カ月）

朝、先生とエメットは

「グッドモーニング。」

エイデンとルークは

「アニョハセヨ。」

とあいさつ。そして、私はよりとに

「おはよう。」

と言います。あいさつがカラフルな私の教室です。

先生のかみの色は、金色です。カイリーは黒色でクルクルカール。アナは茶色で赤のメッシュが入っています。私は黒色でストレート。みんな、なんだかおしゃれだな。だから私は、今日はピンクのつけ毛をつけています。ヘアスタイルがきまるとパワーがわいてきます。かみの毛がカラフルな私の教室。

先生のひとみの色は青です。タイラーはみどりで、ハナは茶色。私は黒。青いひとみだとどんな風に見えるのかな。みどりのひとみだと、いつものはらにいる気分になるかな。ひとみがカラフルな私の教室。

先生は今日、パールのついた水色のヘアーバンドをしています。エバリーはぎん色のリングのピアス、カイリーは前がみにビーズをつけています。ハナはカラフルなブレスレット、ジョエンディーは強そうなチェーンのネックレスをつけています。私の今日のおしゃれポイントは、ゆびわです。キラキラと光る小さな石がたく山ついています。おしゃれをするとウキウキワクワクします。みんなのえがおもキラキラしてます。ファッションがカラフルな私の教室。

ベンセンの今日のランチは、ピザです。イータンはハンバーガー、エルナはベーグルを食べています。ベンはタコスの生地に肉やトマトをはさんで、大きな口でパクリと食べました。ハナは、リボンの形のスパゲッティーを一つずつかわいく食べました。私の今日のおべんとうは、おにぎりと玉子やきです。

「今日のおにぎりのぐは何だろう。あっ、うめだ！」

ママはいつもおにぎりのぐをひみつにします。だから、私は食べるのが楽しみです。ランチがカラフルな私の教室。

私は、このカラフルな教室が大好きです。なぜなら、にじになったような気もちになるからです。今日もみんなちがって、みんな良い。にじいろの教室、また明日。

▼クラーク記念国際高等学校賞

『生態系を壊すもの』

個人応募
（アメリカ在住）
中二　鈴《すず》木《き》芙《ふみ》佳《か》
（海外滞在年数一年十カ月）

四月のある週末に、どう見ても怪しい格好で私は家の近くの自然公園にいました。長ズボンに長袖のシャツで、頑丈な靴を履き、軍手もして深く帽子を被るという重装備だったから、とても公園に遊びに来た子供には見えなかったはずです。でも、公園には同じ格好をした高校生や中学生、小学生（私の妹）の三十人ほどが集合していました。カリフォルニア固有の植物の生態系を守るために、公園の地面を覆っている雑種の植物を取り除こうという、力仕事のボランティア活動のためでした。カリフォルニアの土地には、インディアンの時代から何百年にも渡って生息してきた固有の植物があり、その植物を頼って虫や鳥が卵を産み付け、生き物同士が上手に共存して生きていました。しかし、風で飛んできた外来種が強く根付いてあちこちに生えて広がり、土中の栄養を横取りして繁殖したために、本来生息すべき固有の植物が追いやられて、数を減らしていたのです。集まった子供達に、「NPOグラスルーツ」の人が、これからやるボランティア活動がカリフォルニアの生態系を守るためにいかに大事なことか、力を貸してくれるボランティアの子供達にどれほど感謝しているかを話しました。私は言い渡された使命をしっかり受け止め、とにかく雑草を根絶しなくては、と軍手をぐっと握り締め、気合いを入れました。

始める前は、ただ手で雑草を抜き取る作業だと思っていたら、段ボールを使った雑草退治と知らされて驚きました。最初の作業は、業務用の段ボールについているホッチキス、ラベル、ビニールやガムテープなどを取り外すことでした。段ボールの表面がきれいになったら、残したくない雑草の上にその段ボールを敷き詰め、その上に乗って、足で段ボールを力一杯踏みつけたのです。ひと通りその作業が終わったら、今度は段ボールの上に木のチップや土が混ざったくずを深さ三インチになるぐらいたっぷり被せました。山のように積まれた土盛りのところまでバケツを持って何往復もして土やくずを運び、段ボールを跡形もなく隠したのです。みんなで百杯ぐらいは運んだと思います。最後は手がしびれてふらふらでしたが、「もっと深く掘ろう。」「斜めにスコップを差し込んだ方が掘りやすいよ。」「土を広げて平らにしよう。」「指の第三関節まで土を被せよう。」と言い合いながら、みんなは作業に夢中になりました。靴の中にまで土が入り、軍手をすり抜けて手も泥だらけになったけれど、地上に飛び出しているのは残したい植物だけになった時、みんなの顔から笑顔がこぼれ、お互いの頑張りに拍手が起きました。その時、どこからともなくインディアンの感謝の声が聞こえてきた気がしました。

最初にNPOの人が説明した時には、意味がよく分からず、果たして自分に出来るかどうか不安で緊張しましたが、やり始めてみると、地球を守るために私にも出来ることがあるんだと嬉しくなりました。また地球を守ることができて、私も守られた気分になりました。夏が来て秋になった頃に、すっかり腐って土になった雑草の上に残したい植物の種をまき、その公園をカリフォルニアの植物で一杯にするそうです。その時、私も絶対またボランティアに参加して、段ボールやその下がどうなったかをチェックしたいし、種まきにも参加したいと思いました。この話を祖父にしたら、「その方法で家の庭の雑草を退治してみるかな。」と興味深そうに言いました。祖父も毎年、「庭に雑草が生い茂って大変だ」、と腰をかがめて草取りをしているのです。カリフォルニアの地球の守り方が日本でもうまく行くかどうか、これも私の関心事になりました。

このボランティアを通じて、地球には数えきれないほどの種類の生き物がいて、他の生き物と上手に関わり合い、助け合いながら生きていることを強く認識することができました。人間もこの生態系に大きく関係していて、深く考えずに自然を壊す行為をすると、生態系に乱れが出て、多くの生き物に影響を及ぼすのです。例えば、熱帯雨林の破壊が地球温暖化に大きく影響を与えていることもそうです。そのことで食物連鎖がいびつになり、人間の健康が損なわれ、人間の存在そのものを危なくしかねないのです。人間が一番優位で、自分たちのためには何をしても良いという身勝手な考え方を改め、地球や生命を守るためにやっていいことと悪いことをしっかり自覚すべきだと思いました。

実は、段ボールを踏みつけ、生態系を壊していた植物を絶滅させようと力を入れていた時、突然こんなことを思い出しました。祖父母が昔、ニューヨークで生活をしていた時のことです。祖父母が住んでいた郊外の町は、治安の良さと教育レベルの高さ、通勤の便利さから日本人の間で好まれ、たくさんの日本人が引っ越してきたそうです。その結果、アメリカ人の隣人たちから、「どっちが外国人か分からないわ。ここは私たちの町なのに。」と言われるほど、小学校の生徒やアパートの住人に占める日本人の割合が増えてしまったそうです。アパートの入り口で日本人が大勢固まって日本語で話をしていることも、嫌がられたそうです。そのため、日本人をよく思わない人たちが出てきて、日本人を町に入れない運動が起きたと聞いていました。当時の日本人の行動が、生態系を壊している外来種の話と何となく重なった気がして、私は急に不安になってきたのです。

祖母はカリフォルニアに来る前に、「カリフォルニアの人たちが大事にしている習慣や文化を大切にし、そこに混じって生活をさせてもらうことに感謝する気持ちを忘れないようにしなさいね。それでもあなたはあなたらしく、自分の良さに自信を持って、新しい素敵な仲間づくりをしてきなさいね」と。教えてくれていました。学校生活の初日、先生やクラスの皆がどんな風に私に接してくれるのかを少し心配しましたが、担任のカステロ先生は満面の笑顔で私の名前の入ったパソコンをポンと手渡し、「今日から私の大切な生徒になったよ」と肩を抱いてくれたのです。また、クラスメートたちは、ずっと以前から私がクラスにいたかのように、気軽に話かけてくれて、知らない土地に迷い込んだ私の不安を一瞬で拭ってくれました。学校での生活の仕方もさりげなく教えてくれて、一日目にしてあっという間にたくさんの友達ができました。放課後のクラブ活動にもその日から参加でき、毎日、大柄なクラスメートに交じってバスケットボール部に所属し、自分の持ち味を生かしながら、ポイントゲッターとして頑張っています。いろいろな人が混じり合うクラスで、違う人たちが入ることを敬遠するのではなく、違う人たちの持つ良さを知り、お互いが刺激し合って成長することが大事なことを、いろいろな機会に学ぶことができました。私は、自分が「生えて欲しくない歓迎されない雑草になっていない」と確信した時、私のカリフォルニア生活を充実したものにしてくれている先生やクラスメートに心からの感謝の気持ちがこみ上げてきました。

　ここで感じたこと、教えられたことは、私にとって一生の宝物です。そして日本に帰国した時には、日本のお友達たちに、ひとりひとりが持つ個性に刺激を受けて、そこから学び、成長することのダイナミックスさを伝えられたらと思っています。カリフォルニアに来ることが出来て、本当に良かったです。

▼アイ エス エイ賞

『絵はコミュニケーション』

上海日本人学校（虹橋校）
（中華人民共和国）
小四　青《あお》山《やま》栞《かん》奈《な》
（海外滞在年数一年二カ月）

わたしのゆめは、マンガ家だ。わたしは、上海に住む日本人学校に通う日本語しか話せない小学生だ。毎日、絵をかいている。

ある日、わたしがいつものように絵をかいていると、母が言った。

「ねぇ、今度の日曜日に新しいお友達と会ってみない?」

くわしく聞いてみると、その子は上海に住むインターナショナルスクールに通うかん国人の女の子だという。最初は、いやだった。なぜなら、わたしは日本語しか話せないし、どんな子かも知らないからだ。そしてまた、母が言った。

「その子、栞奈と同じで、絵をかくのがすきみたいだよ。」

その一言にうれしくて、思わず、

「会ってみたいな。」

と言ってしまった。

その日は、あっという間に来た。なんで会いたいなんて言ったんだろうと少し後かいした。待ち合わせ場所に行くと、背の高い女の子が、こちらをチラチラ見てくる。もしかしたらと思い、ドキドキしながら、事前に調べてきたかん国語で

「アニョハセヨ。」

と話しかけてみた。すると、その子はにっこり笑ってくれた。言葉の通じない子と何をしたらいいのか分からなかった。とりあえず、持ってきた日本のおすすめのおやつをプレゼントした。渡す時に、「これ、すごくおいしいよ。私の大すきなおやつだよ。」と言いたかったが、言えない自分がいた。その子は、かん国語、英語、中国語が話せるそうだ。そして、日本の歌やマンガやアニメが大好きで、日本の友達がほしかったらしい。しかし、おたがいに話したいけれど、うまく話すことができず、話したいことの半分ぐらいのジェスチャーで会話して、あとは、笑顔で顔を合わせることしか出来なかった。こんなことなら、もっと学校の英語や中国語の授業を真面目に受けておけばよかったなと思った。

しばらくして、二人ともだまってしまい、どうしたらいいのか分からなくなった。そして、思い出した。かばんから用意していた紙とペンで、「こんにちは」と言っているような女の子の絵をかいた。すると、その子はわたしの持ってきたペンと紙を使って、絵をかく二人の女の子をかき始めた。たぶん、「いっしょに絵をかこう。」と言いたかったのだと思う。わたしは笑ってうなずいた。いっしょに絵をかくことで、おたがいの事を知ることができたような気がする。気付いたら、二十まいも用意していた紙があと二まいになっていた。その子は自分のスマートフォンを出して、何かを調べ始めた。横をのぞいてみると、文字を書いていた。そして、その紙をわたしに渡してくれた。そこには、わたしの好きなアニメのキャラクターと、小学一年生が書いたようなかわいらしい文字で、日本語のメッセージが書いてあった。

「日本のマンガが大好きだよ。カンナと友達になれてうれしい。今度、いっしょにたこやき食べよう。また遊びたいな。」

それを見て、わたしはクスクスと笑った。たこやきが大好物のあの子が、一生けん命にかいてくれた日本語の文字だからだ。わたしはその手紙を大切にかばんにしまった。

家に帰って、今日の出来事を思い出した。自分に初めての外国人の友達ができてうれしかったこと。同じしゅみの子と出会えたこと。言葉は通じなくても、かわいくてやさしいあの子と楽しくすごすことができた。そして、わたしを助けてくれたのは、絵だった。おたがいの言葉で話せなくても、絵がかければコミュニケーションがとれることが分かった。絵は、かいた人の気持ちや、想いを表してくれるのだと思う。だから、わたしたちは会話ができた。わたしは絵をかくことが好きでよかったと思ったし、もっと上手に絵がかけるようになりたいと思った。

　その日の夜に、ひさしぶりに本だなから一番のお気に入りのマンガを取り出して、読んだ。このマンガ、読んだことあるかな。もしあの子に見せたら、同じところで笑ったりするのかな。次会う時までに、四コママンガをかいて、読んでもらいたいと思った。

　わたしのゆめが変わった。今までは、ふつうのマンガ家だったけど、今はちがう。決めた!! わたしのゆめは世界にはばたくマンガ家になること!! そして、わたしの友達のあの子にも、わたしが大好きな上海に住んでいる人にも、世界中の人に、わたしのマンガを読んでほしい。そして、ほんの少しだけ語学の勉強もがんばってみようかな……。

▼早稲田アカデミー賞

『ぼくたちの自まんのクラス』

デュッセルドルフ補習授業校（ドイツ）
小三　河《かわ》尾《お》　有《ゆう》　灯《ひ》
（海外滞在年数三年九カ月）

十八。これは、ぼくの二十七人のクラスの子どもたちとかんけいのある国の数です。その一つは、ぼくが生まれた国、日本。ぼくの親友、エイメンのお父さんはチュニジアで、お母さんはルーマニアで生まれました。エイメンはドイツで生まれたけれど、お母さんとルーマニア語で話す時もあります。ぼくは、ぼくのお父さんや弟たちとはドイツ語で、お母さんとは日本語で話します。ぼくのクラスのてん校生の、ウクライナやインドやトルコから来た友だちは、さいしょはドイツ語が分かりませんでした。でも、今ではみんなぼくたちといっしょに、ドイツ語でべんきょうをしたり、あそんだりしています。

「中国人、こんにちは。」

と、学校で、ほかの学年の知らない子に言われて、いやな気もちのまま、家に帰ったことがあります。そして、家でそのことを話したら、お母さんは、

「そうか。でも、ゆうひはどの子がインドから来て、どの子がバングラディシュから来たか分かる。」

と、ぼくに聞きました。ぼくは、分からなかったから少しだまってしまったけれど、気づいたら、なきながらまた話し出していました。

「ママはぼくの気もちが分からないんだ。ぼくは中国人じゃない。小さいね、って言われても、それは本当のことだからいやな気もちにならないけれど、中国人、って言われるのは、間ちがっているからいやだ。」

ぼくは、かなしいようなおこりたいような気もちでした。すると、お母さんはまじめな顔になって、

「なるほど。それはいやな気もちになるね。でも、その子が間ちがっていたのは、ゆうひが中国人ということよりも、名前も知らないのに、〇〇人、ってよんだことじゃない。」

と言いました。お母さんがぼくの気もちを分かってくれて、ぼくのおこっていた気もちは、少し小さくなりました。でも、ぼくの気もちは、やっぱりまだ少しもやもやしていました。それから何日かして、学校の学どうで、

むかえに来るお母さんと中国語で話している友だちができました。ぼくたちは、ドイツ語で話しながらサッカーをしてあそびます。その子とあそぶようになって、ぼくはどうしてあの時、「中国人」と言われてあんなにいやな気もちになったのか、だんだん分からなくなってきました。見た目だけでは何人《なにじん》か分からないし、友だちになる時も、何人《なにじん》か考えていません。そしてぼくは、クラスの友だちが何人《なにじん》かなんて、今まで考えたことがなかったことに気がつきました。ぼくもみんなから聞かれたことがないし、ぼくはエイメンにも聞いたことがありません。

　ぼくがエイメンと一番さいしょになかよくなったきっかけは、ＭＯＮＯのけしゴムでした。ぼくのとなりにすわっていたエイメンに、

「けしゴムちょっとかして。」

と言われて、ぼくのけしゴムをかしました。するとエイメンは、

「すごい。このけしゴム、よくけせる。」

と、ぼくのおばあちゃんが日本からおくってくれたけしゴムを、とても気に入りました。それから、ぼくたちはどんどんなかよくなりました。今では、ぼくがたんこぶを作った時、エイメンはひやす物をもってチーターみたいにはやく走って来て、

「これがぼくのやく目だから。」

と言ってくれます。

　ぼくのクラスの友だちは、ぼくが大すきな日本のカブトムシやクワガタムシについて、よく知っています。ぼくが、学校に日本の虫の図かんをもって行って、みんなで見たり、ぼくが教えてあげたりしているからです。みんなは、ぼくが毎日朝ごはんにもって行く、たまごやきやおにぎりが大すきです。みんながほしがるから、ぼくはいつもみんなに少しずつ分けてあげます。いろいろな国のことをみんなから教えてもらったり、おたん生日の歌をいろいろな国の言葉で歌ったりするのは、とても楽しいです。ぼくたちは、いつも教室でだれが何人《なにじん》か考えていません。ぼくのクラスには、ぼくみたいに小さい子もいれば、大きい子もいます。目の色が、ぼくみたいに茶色い子もいれば、青い子も、みどり色の子もいます。そして、ぼくたちは、十八の国のことを教え合うことができます。ぼくは日本が大すきだから、エイメンやクラスのみんなに、これからも日本のことをいっぱい知ってほしいです。そして、ぼくも、みんなが知っている国のことを知りたいです。そういうクラスが、ぼくたちの自まんのクラスです。

▼サピックス・代ゼミグループ賞

『「はじめまして」』

フランクフルト日本人学校（ドイツ）
中三　長《なが》尾《お》梨《り》未《み》
（海外滞在年数七年十一カ月）

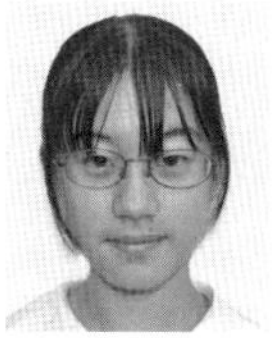

「はじめまして」
――この言葉を口にしたのは、もう何度目か分からない。転勤が多い父の仕事の関係で、私は様々な国に移住した。日本で過ごした期間は人生の半分にも満たず、アメリカ、チェコなど各地を転々とした。そしてこれから過ごす新しい場所、それはドイツのフランクフルトだ。

　新しい校舎に足を踏み入れると、先生から全校集会で自己紹介をするようにと言われた。慣れたことだ。私はその時を待ちながらも、これまでの「はじめまして」、そしてもう一つ「さようなら」に思いをはせた。

「はじめまして」

　そう初めて口にしたのは、五歳、アメリカの学校でのことだった。英語なんてこれっぽっちも知らずただうろたえる私に、国籍がバラバラのクラスメートたちが笑顔で話しかけてくれたのだ。当時の私は「ハロー」すらも知らないほどの無知だった。しかし、彼らの笑顔から心の温かさが伝わってき、涙が出る程ほっとしたのを覚えている。それからは、言葉は全く分からないのに通ずるものがあり、沢山クラスメートと遊びまわっていた。「これがずっと続けばいいのになあ」と小さいながらに思っていた。

　しかし、約二年後、私がようやく英語を理解し、友達を沢山つくれた頃に悲劇は起こる。「別れ」。日本への帰国が決まってしまったのだ。唐突な別れは、当時小学二年生だった私にとっては「悲劇」以外の何者でもなかった。「ばいばい」がつらくてさみしくて、「帰りたくない」と泣きわめいた。しかし、別れは別れ。その時、幼いながらも「『はじめまして』は『ばいばい』なんだ」と思い知った。それからだ。「はじめまして」が怖くなったのは。

「はじめまして」

　二度目の転校は、日本の小学校だった。二年生の一学期の半ばという微妙な時期であり、「友達はできるかな」とアメリカでの別れを引きずりながらも学校に通い始めた。そして、驚いた。アメリカから来た、という周りと違う点がある私に、みんなすごく優しく接してくれたのだ。距離ができてしまいそうなのに、逆に包み込むようにして話しかけてくれる。心にぽっかりあいた穴に、友達という名の花が咲いた気がした。

そんな夢のような楽しい日常を送っていた私に、またもや「別れ」が無情にも襲ってきた。引っこし先は、聞いたこともない国、チェコ。「私は日本に残りたい！」そう何度もねだった程、日本での暮らしは楽しかった。それに何より、せっかくできた友達をまた失うことが不安で悲しかった。まるで、心に咲いていた花が、花火のように儚く散っていくように。

「ばいばい」。最終日、そう友達と言葉を交わす。もう会えないんだ、そんなさみしさを抱え、私は日本を離れた。

「はじめまして」

三回目のはじめましてはチェコにある日本人学校。計六年程過ごすことになるのだが、この学校は、これまでの学校と大きく違う点があった。「別れが多い」。私がこれまで苦しめられたきた「別れ」。海外に住むということは、転勤が多いということ。つまり、転入、転出などクラスメートの出入りが激しかったのだ。

まず、私が転入してすぐに、よく話しかけてくれた友達が転校することになった。それだけではとどまらず、二人、三人と優しくしてくれたクラスメート達がプラハを離れて行く。すごく悲しかった。が、驚くことに、転校していく人達は口をそろえて「またね！」と言うのだ。「遠いところに行っちゃうのに、なんで『またね』なの？」

しかし、その言葉の意味を考える暇もなく、クラスに新たな転入生がやってきた。

「この子も、私と同じで別れを経験してきたんだ。悲しかっただろうな」

親近感がわき、そこから転入生とあっという間に仲良くなった。その後も次々と転入生がやってきて、気づけば「別れ」で受けた悲しみの穴は幸せで埋まっていた。心に咲いた花がなくなっても、別の花が芽ぶき、私の心を支えてくれる。その時ようやく、「別れ」とは何を意味するのか、それが少し分かった気がした。

その後約五年間、私はプラハに居続け、とうとう私がクラス内でプラハ最年長になった。私より先に転入していた人、もちろん後に来た人も、否応無く転校していった。別れる前まで、皆は心を美しい花で彩ってくれた。転校していく前、皆が口をそろえて言う言葉は、やはり「またね」だ。「別れとは」。それが何なのか、別れを人一倍知ってきた私にはもう分かっていた。
「別れ」とは。それを、私は「出会うこと」だと思う。なぜ皆が別れる時、「さようなら」ではなく「またね」を言うのか。それは、この「別れ」は決して「永遠の別れではない」からだと気づいた。去年日本に一時帰国した時、小二の頃お別れした日本の友達、それにプラハを離れた友達と再会した。一生会えないんじゃないか、と思っていた友達が、こうして目の前にいる。それがただただ嬉しくて、「別れ」は「出会い」であると強く思わせてくれた。また「別れ」とは、「新たな出会い」を紡いでくれるものであると気づいた。大切な人との別れはすごくつらいが、その分の「出会い」がその悲しみをおおいかくしてくれるのだ。

　友達と別れる時、これまで別れてきた皆がそうしたように、私は「またね」と言うようにしている。心に一度咲いた友達の花は、きっと心から消え去ることはないのだ。花火のようにして目の前からはいなくなったとしても、「楽しかったな」「大好きだったな」という想いや思い出は残り続ける。それに、「また」会えるのだから。

　フランクフルトでの新しい学校では、自分が中三のため、一年後には解散してしまう。でも、もう悲しくないし、不安でもない。だって、「はじめまして」の先には、「別れ」への恐怖ではなく、次の「出会い」という希望があると知っているから。

　花が咲きほこる胸にぎゅっと手を当て、私は新しい仲間に言う。

「はじめまして」

「作文」の部

特選作品

『らくごのおかげ』

サンジェルマン・アン・レイ補習授業校（フランス）小三　アップ　咲《さ》織《おり》
（海外滞在年数八年七カ月）

「おすまいのちいきからはごりようできません。」

　まただ。ネットでせっかく楽しそうな日本のテレビを見つけたのに、フランスからは見れない。いやだ。どうして見れないの？　どうして見ちゃダメなの？　ずるいよ、かなしいよ。おこりたくなった。

　コロナのせいで、外にも出られないし、友だちとあそべないし、コロナがうつったら大へんだし、かつどうがへったしつまらない。

　お母さんは、やっと見つけた。日本ごのかつどうを。らくごを。

「らくごの先生がいるんだけど、ズームでやりたい？」

　わたしはこたえました。「うん、もちろん！」だってなにもできなかったんだもん、それをやるしかないと思いました。その先生は、アメリカにすんでいて、日本人のらくごかとしてズームで子どもにらくごを教えていました。

　でもらくごってなにするの？　わたしは「まんじゅうこわい」という絵本をもっていましたが、らくごのことはなにも知りませんでした。

「それは人の前でしゃべったり、もののまねをしたりするんだよ。」とお母さんが言いました。

　ひつようなものはせんすとタオルとゆびだけ。さいしょは、つかうどうぐがあまりなくて、さっぷうけいだと思いました。だれかの前でしゃべるのがとてもはずかしかったです。でも、友だちといっしょにできたし、しゃべるとだんだん楽しくおもしろくなってきました。

らくごは口だけじゃなくて、ものをあらわすために、手をつかっていみをつたえます。たとえばおちゃをのむときは、タオルをくるくるまいて、タオルを手のひらの上にのせて、ゆのみでのんでいるかんじにみせます。先生があついおちゃをすするとき、わたしも本もののおちゃをのみたくなってきました。せんすはらくごじゃないときはあついときあおぐためにつかうけど、らくごではおはしになりました。このおはしで上から下へ手をうごかして、なっとうをかきまぜて、なっとうの糸がおはしにからまったかんじをあらわします。一人で二やくをやることもあります。顔のむきをかえて、べつの人にみえるようにします。ねずみを見つけて、二人の男が、「大きいよ」「小さいよ」と言いあうばめんでは、右を見たり左を見たり、声の高さをかえたりします。らくごで一ばんすきだったのはまんじゅうのたべ方です。おいしそうにみせるのが楽しいし、友だちがまんじゅうをたべているところを見るときは、あまそうとかたべたいなど思いました。

二年生になりました。フランスごのじゅぎょうできゅうに先生が言いました。「みんなの前でお話を十分かんはっぴょうしてください。かみを見てはいけません。」十分てどれくらいだろう、長そうだなとしんぱいしました。どうしたらみんなにわかるように十分も話すことができるかな。「じょうずにできるかなあ。」早口で話したらわかりにくいかな、手をうごかしてつたえようかな、と考えているうちにらくごを思い出しました。あのときはらくごを日本ごでやったけど、こんどはフランスごでらくごみたいにしゃべったらできると思ったので、クラスで一ばんにはっぴょうしました。先におわらせたかったのです。らくごを思い出したらゆう気がわいてきました。

はっぴょうはうまくいきました。イザベル先生がはく手をしてくれました。それに「みんなさおりをお手本にしてはっぴょうしてください。」と言ってくれました。じぶんがお手本にされるなんてやったあと思いました。やくごとに声をかえて、手をうごかしながら話したり、聞いているみんなの顔を見ながらはっぴょうしたのがよかったみたいです。家にかえってお父さんとお母さんに話しました。みんなでよろこびました。

らくごをやってよかったなと思いました。らくごの「ご」は日本「ご」でもフランス「ご」でもいいってわけ！

『日本とパキスタンにとっての一石二鳥』

イスラマバード日本語クラブ（パキスタン）小四　藤《ふじ》﨑《さき》　巴《は》吏《り》秀《す》
（海外滞在年数五年）

僕が住んでいるパキスタンでは、毎年人口が増えて困っていて、日本では減って困っている。両方の国が困っている。日本はあまり子どもが生まれないからお年寄りが増えているけど、パキスタンでは子どもがたくさん生まれるので若い人口が多い。

僕のお父さんはパキスタン人で、十人兄弟だ。僕のパキスタンのいとこは二十六人。毎年まだ増えている。僕のお母さんは日本人で、一人弟がいる。日本の僕のいとこは一人だけだ。日本とパキスタンは反対だ。

パキスタンでは、人口が多すぎて仕事が足りない。仕事がないので物ごいの人も多い。僕のお母さんはいつも知り合いのパキスタン人から

「私のお兄さんに仕事を探して。」

とか、

「僕の弟が運転手の仕事を探しています。」

と言われている。働きたいのに仕事がない人がたくさんいる。

日本ではすごくお金持ちの家にしかお手伝いさんはいないけど、パキスタンではふつうの家でもいろいろなお手伝いをする人がいる。僕の家にもコックさんやおそうじの人が来て、家の仕事を手伝ってくれている。パキスタンの人は、こうやって仕事がない人を家でやとって助けている。それでも仕事がない人は、たくさんいる。

日本は働く人がどんどん減っていて困っている、というニュースを日本で聞いたことがある。若い人が少ないからなのかな、と僕は思った。

日本に帰った時、スーパーがこんでいて、レジが一つしか開いていなかったから、僕もみんなもならんで待っていた。日本の小学校に体験入学した時は、通学路の歩道の半分が草がのびて歩けなくなっていた。前から自転車が来ると、僕が草の中に入らないと自転車が通れなかった。自転車が通ってもぶつからないように、歩道をきれいにして欲しいなと思ったけど、前に草刈りの作業を見たことがあって、一日かかっても少しだけの量しかできないのを知っていたので、草刈りの人が足りないのかな、と僕は思った。

だから僕は、働く人が足りない日本を助けるために、パキスタンで仕事がなくて困っている人を日本に送った

らいいと思う。そしたら両方の国が助かる。仕事がなかったパキスタンの人も喜ぶし、働く人が足りなかった日本も少し楽になる。

僕はパキスタンの人が日本で出来る仕事を考えた。パキスタンの人は、修理が得意だ。日本では修理に必要な部品がなかったら、まだ使えるものでも直すことができなくて、新しいのを買うしかないけれど、パキスタンでは部品がなかったら、それを自分で作って修理してしまう。だから、すごく古いものでも何回も直して使っていて、物をすてないで大切にしている。僕はこれがパキスタンのいいところだと思う。他には、パキスタンの人は道路の周りに花を植えたり、おそうじをしたり、車の運転をするのが得意。だから、パキスタンの人が日本で働くチャンスはたくさんあると思う。

だけど、こういう問題もある。パキスタンの人は日本語がわからないし、日本人は英語を話す人が少ない。日本にはハラールフードがあまりない。パキスタン人はぶた肉を食べられない。日本にはモスクが近くにないから、お祈りの時間を知らせるアザーンが聞こえない。パキスタンの人が日本に住んだら困ることがたくさんあると思う。

僕は、パキスタンの人が日本で働くための問題を解決するには、日本人がもっと英語が話せるようになった方が良いと思う。英語が話せないと、将来日本が大変になるかもしれない。なんでかというと、日本は人口がどんどん減っていて、この先外国から助けてもらわないと、日本で働ける人はもっと少なくなっていくからだ。英語はみんなが話せるようになった方が良い。食べ物は、いろんな国の食材を用意して、外国人が自分の国の食べ物を日本でも食べられるようにしたら、パキスタンだけじゃなくて他の国の人も日本に来やすい。モスクは日本には少ないけれど、日本人がパキスタンの文化や宗教をもっと知って受け入れたら、日本人とパキスタン人が近くなってパキスタンの人は日本に住みやすくなると思う。

日本もパキスタンも僕の国だから、日本がパキスタンの人と助け合って、日本とパキスタンのどちらの問題も解決できたら僕はすごくうれしいな、と思う。

『新しいお兄さん』

デュッセルドルフ補習授業校（ドイツ）小六　フェヒナー　暁生《あきお》
（海外滞在年数十年九カ月）

昨年の夏、ぼくに七つ年上のお兄さんができると親から聞いた。お兄さんはブラジルから来るのだ。どうしてその人がぼくの新しいお兄さんになるのかというと、ロータリークラブの交かん留学制度を使ってアメリカに行く兄の代わりに、ぼく達の家に住むことが決まったからだ。

それ以来、ブラジルから来るお兄さんはどんな人なのかなと、ずっと考えていた。親から聞いていたのは、ムリロという名前の十七さいの高校生ということだけだったので、優しかったらいいな、一緒に遊んでくれるかなとワクワクしていた。

そのお兄さんを迎えに、家から三百キロはなれたフランクフルト空港に父と行った。早めに着いたぼく達は、空港のとう着口で、今か今かとドキドキしながら待っていた。ついに、それらしき人が現れた。ロータリークラブのブレザーを着た背の高い人だ。

「きみがムリロかな。」

と、父が英語で声をかけたら、笑顔でそうだとうなずいた。ぼくも英語であいさつをした。すごく優しそうだったので、ぼくはとてもうれしかった。

空港から家に帰る車の中で、ぼくはきん張していたけど、ムリロに質問をしながら、いっぱいおしゃべりをした。そして、家でぼく達の帰りを待っていた母に、

「ムリロね、日本のマンガとかアニメが好きなんだって。」

と、一番に報告した。

みんなで夕食を食べながら、ぼくがムリロに、どんなマンガやアニメが好きなのかと質問した。ぼく達が知っている英語の作品名をいくつか言ったら、ムリロはすべての作品を日本語で答えたから、とてもおどろいた。それも、まるで日本人のような発音でスラスラと言ったのだ。その他にも、日本語名でたくさんの作品を教えてくれた。ぼくが知らない作品もいっぱいあって、本当に好きだということがよく分かった。

「ムリロという名前の発音は少しむずかしいからムー君と呼ぼうか。」

と、母が提案すると、ムリロは、それで良いよと笑っていた。「君」の意味を説明しなくても理解しているムリロ

に、ぼく達はすごいねと感心した。

ムー君は、本当は日本に留学したかったそうだ。しかし、日本ロータリークラブからブラジルに行く日本人がいないので、ブラジルから日本には行けず、第二希望のヨーロッパからドイツを選んだのだと説明してくれた。

ぼくが通うデュッセルドルフ日本語補習校の学校祭にムー君も一緒に行った。日本人ばかりの校内をキョロキョロと見わたしながら、ムー君が、

「ぼくは日本にとても行ってみたかったから、日本に行けなくて残念に思っていたんだ。でも、まさかドイツで日本文化にふれるチャンスがあるなんて考えもしなかったよ。ぼくは、本当にラッキーだ。」

と、とてもうれしそうに言っていた。

週末は、テレビゲームをしたり、映画を見たり、レゴやボードゲームをする。ムー君が来る前に想像していたように、優しくて一緒に遊んでくれるお兄さんができて、ぼくもとてもラッキーだ。

ムー君は、ドイツ語がまったくできなかった。ドイツに来てからドイツ語の勉強を始めたから、ムー君との共通言語は英語だった。でも、ぼくと母は日本語で会話する。うちに来て二か月くらい経ったとき、ムー君が、

「何の話をしているかは、まだ、ドイツ語より日本語の方がなんとなく分かるんだよね。」

と、言ったから、ぼくも母もとてもおどろいた。あまりにもおどろくぼく達に、

「それだけ、アニメやマンガを見ているってことなんだけど。」

と、少しはずかしそうに言った。ぼくは、こんなにムー君にえいきょうを与えているマンガやアニメという文化をもつ日本はすごいなと、ほこらしく感じた。

家族みんなで会話するとき、ムー君は、ブラジルの生活や経済や政治のこともよく教えてくれる。ムー君は、とても物知りだ。

ぼくも高校生になったら、ムー君や兄のように留学してみたい。なぜなら、行ったことのない国を探検したいからだ。言葉や文化、食べ物や歴史、知りたいことはたくさんある。

そして、留学で知り合った人達に、自分の国のことを教えたい。ぼくは、日本とドイツ、二つの国を知っているので、「暁生がいたら日本とドイツの両方のことが分かるから得だな。」と、思ってもらえるかもしれない。そうなったら、とてもすてきだなと思う。そのためにムー君のような物知りになるのが、ぼくの目標だ。

「作文」の部 優秀作品

『かけがえのない木』

ボストン補習授業校（マサチューセッツ州）小一　今《いま》田《だ》心《ここ》乃《の》
（海外滞在年数六年二カ月）

わたしは、ちきゅうを木であふれたせかいにしたいとおもいます。なぜかというと、木はたいようのひかりをつかってさんそをつくって、それでどうぶつやしょくぶつが、いきていくことができるからです。つまり、木がなくては、わたしたちはいきていくことはできません。わたしは、アメリカのマサチューセッツしゅうにすんでいて、なつやすみの８がつにまいとしネイチャーキャンプというプログラムにいっています。そのキャンプでは、もりやみずうみにいって、いきものやしょくぶつとしぜんのたいせつさや、わたしたちにとってかけがえのないそんざいであることをまなんでいます。わたしは、きょねんのキャンプで、せかいじゅうの木がどんどんへっているということをしり、とてもかなしいきもちになりました。そこでどうしたら木をふやしたり、へらさないようにできるかをかんがえました。わたしには３つのかんがえがあります。

ひとつめは、いまある木のりょうをへらさないようにすること、木をもっとつかわないようにすることです。たとえば、木のかわりにレンガやセメントなどをつかっていえをたてたり、木のいすのかわりにパイプいすをもっとふやしたらいいとおもいます。ボストンのおおくのいえは木でできていて、１００ねんほどつかわれますが、とてもおおくの木をつかいます。いえをレンガやセメントでつくることで、にほんのようにもっとじょうぶないえができますし、木をつかうことをへらせます。また、本もアイパッドのようなデバイスをつかってよめるようにすればいいとおもいます。そうすれば、せかい中のどこにいても、いつでもにほんの本がかんたんによめるので、にほんごのべんきょうもできます。さらに、みんなできょうりょくして、ティッシュやかみをリサイクルをします。またそれをつかうことで、かぎりのあるしげんのむだづかいをしなくてすみます。

　ふたつめは、プランティングをしてもっともっと木をふやすことです。たとえば、せかい中のしょうがっこうで、せいとひとりひとりがプランティングをします。そうすることで、まいとしたくさんの木がふえていきます。また、さばくのくにやまずしいくにではプランティングをおこなうのがむずかしいかもしれません。そのために、プランティングのプロジェクトを、ほかのくにがきょうりょくしあえばいいとおもいます。たとえば、はちにうえたしょくぶつをまずしいくににおくってきふをする、みずがすくないくにには、せかいがきょうりょくして、いどをつくってプランティングができるようなかんきょうをつくってあげたらいいとおもいます。せかいのくにがきょうりょくすることで、それぞれの木をたくさんふやすことができます。

　さいごは、こどもがおとなをきょういくすることです。おとなたちもきっとこどものころに木のたいせつさは、がっこうでならったとおもいます。でもおとなになって、たいせつなことをわすれてしまっているかもしれません。そこで、こどもがおとなにあらためて木のたいせつさをつたえることがたいせつだとおもいます。そのためには、まずすべてのこどもたちが、がっこうで木のたいせつさをまなびます。そして、せかいのくにのこどもたちのだいひょうがあつまって木をまもるためのアイデアをだしあいます。こどもたちのアイデアをサポートしてくれるおとなたちは、あつまりにさんかすることができます。けれど、さんかするおとなたちは、こどもたちのいけんをきくかかりです。さいごに、アイデアをまとめたものをおとなたちにていしゅつして、こどもとおとながなかよく、きょうりょくして、木をまもって、そだてます。それはいちどきりではなく、まいとしすると、みんなわすれないし、さらにいいアイディアをかんがえていくことができます。

　わたしは、ここにかいたみっつのことをすれば、木にかこまれたしぜんゆたかなせかいになるとかんがえました。木をふやすためには、わたしのまわりのともだちだけではなく、せかいじゅうのおとなとこどものきょうりょくがひつようです。これからのみらいのためにも、わたしたちができることを、いまからこうどうしていくことがひつようです。

『新しい家でお手つだい』

個人応募（ニュージーランド在住）小二　大《おお》木《き》丈《じょう》慈《じ》
（海外滞在年数七年六カ月）

ぼくは、きょ年の七月、オークランドからケンブリッジの新しい家へ引っこしをしました。家の外のれんがのかべは茶色で、やねは青色です。家の前には、大きくてみきが太いかしの木があります。秋に黄色のはっぱがたくさん地めんにおちました。今は冬ですから、木のえだにはっぱはありません。ぼくは、この木にのぼりたいと思いますが、高すぎてのぼれません。

家の中は、大きなへやが三つあって、おふろが一つとシャワーが二つあります。トイレも二つあります。新しい家のだいどころは、ふるい家のだいどころより、もっともっと大きくて広いです。とだながたくさんあるので、食べものやおかしを入れることができてとてもべんりです。ぼくのへやには、ベッドとたんすと、えんぴつや色ペンなどの文ぼうぐと、レゴのセットがあります。ぼくは、じぶんのへやがとても気に入っています。新しい家に引っこしができて、ほんとうによかったなと思いました。

新しい家に引っこしをしてからお手つだいをはじめました。夕食の後、お姉さんといっしょにおさらあらいをして、おさらをふきます。ぼくはせがひくいので、だいの上にのって、おさらをあらったりふいたりします。おさらをあらうほうが、ふくよりもかんたんなので、ぼくはおさらをあらうほうがすきです。大きなおさらやなべをふくのはとてもたいへんなので、にがてです。おさらをあらうやくと、おさらをふくやくは、一日ごとにこうたいします。月曜日にぼくがおさらをふいたら、つぎの火曜日には、ぼくがおさらをあらって、お姉さんがおさらをふきます。これをくりかえして日曜日までつづけます。二しゅう間おさらあらいのお手つだいをしたら、二しゅう間目の日曜日に十ドルのおこづかいがもらえます。今までに七十ドルたまりました。たまったお金で、いつかサルとクマのぬいぐるみを買いたいと思います。お金がたまっていくと、ぼくはとてもうれしいです。そして、ぼくとお姉さんがお手つだいをすると、お父さんとお母さんも、とてもうれしそうに、にこにこしています。

お母さんが、

「丈慈、さち。お手つだいをしてくれて、ほんとうにどうもありがとう。とってもたすかるよ。」

と、毎日言います。それを聞くと、ぼくも、

「お手つだいをしてよかったな。お父さんも、お母さんもうれしそうだな。」

と、なんだかすごくあったかい気もちになります。

それから、おさらあらいのほかにもいろいろなお手つだいをします。ときどきせんたくものをたたんだり、にわのおちばをほうきであつめて、そうじしたりします。せんたくものは毎日いっぱいあるので、一生けんめいにたたんで、お父さんのふく、お母さんのふく、ぼくのふくに分けて、たんすに入れます。お姉さんは、自分のふくは自分でたたみます。きれいにたたむのは少しむずかしいです。にわのおちばのそうじは、冬のさむい日はとてもたいへんなので、やりたくないなと思う日もあります。でも、ジャンパーをきて、手ぶくろをして、毛糸のぼうしをかぶってほうきでおちばをはいていると、体中がぽかぽかしてきて、さむかったことをわすれてしまいます。それに、おちばのそうじは家ぞくのみんなといっしょにするので、とっても楽しいです。あつめたおちばは、道のはしのところに山もりになります。風がふくとせっかくあつめたおちばの山がだいなしになるので、あんまり風がふいてほしくないなと思います。

さいごにもう一つ、ぼくがしているお手つだいがあります。それは、ごみをリサイクルできるものと、できないものに分けて、リサイクルのごみばこに入れるお手つだいです。ごみが出たらまずさいしょに、リサイクルできるかできないかを考えます。考えてわからなかったら、お父さんかお母さんに聞きます。リサイクルできる紙、ダンボール、そしてプラスチックでできた入れものは、家の外にある黄色の大きなリサイクルのごみばこに入れて、ガラスでできたジュースのびんなどは青色の小さいごみばこに入れます。この手つだいは、リサイクルできるごみを分けて、ごみばこに入れるだけなので、時間がかからなくて、毎日できます。

新しい家に引っこしをする前、ぼくはお手伝いをしたことがありませんでした。でも、新しい家で、毎日お手つだいをして、ぼくが自分でできることや、家ぞくみんなのためにできることが少しずつふえてきたなと思います。お金がたまって、家がきれいにかたづいて、お父さんとお母さんにほめられて、お手つだいはいいことがいっぱいです。これからも毎日お手つだいをがんばって、ぼくができることを見つけていきたいです。

『ちきゅうのまわりの学校生かつ』

アデレード補習授業校（オーストラリア）小二　太《おお》田《た》直《なお》希《き》
（海外滞在年数三年十一カ月）

ぼくがかよったことがある学校は、日本、アメリカ、オーストラリアの学校です。なぜかというと、おとうさんのしごとでひっこしたからです。いまは、オーストラリアの学校にかよっています。

日本の学校は、日本ごでじゅぎょうをうけていました。アメリカは、ずっとえいごでじゅぎょうをうけていました。オーストラリアではぼくはえいごのクラスでじゅぎょうをうけていますが、フランスごのクラスもあります。オーストラリアとアメリカで、えいごのスペリングがちがうのがむずかしいので、もっとれんしゅうしたいです。

あさはじまりがちがいます。日本はチャイムが八じ十五分になっていました。ちょうかいもなん回かありました。オーストラリアのチャイムは、音がくがながれます。オーストラリアは、月に一回アッセンブリーというちょうかいがあります。ジムでやります。アッセンブリーでは、しゃべるクラスがじゅんばんにまわってきます。しゃべるばんがまわってくると、いままでべんきょうしたことをはっぴょうします。ぼくのクラスのときは、みんなのまえでしゃべるのがきんちょうしました。アメリカはチャイムがなりません。そのかわり、先生が出てきて、「イッツタイム。」とよびにきます。アメリカでチャイムがないのがさいしょはびっくりしましたが、しばらくしたらなれてきました。

じゅぎょうもそれぞれのちがいがあります。たとえば、日本は黒ばんでじゅぎょうをうけていました。えいごのじゅぎょうもありました。オーストラリアでは、スマートボードでべんきょうをします。たいいく、テクノロジーズ、音がく、中国ごのクラスは、ちがうたてものに入ります。アメリカは、スクリーンでべんきょうをしていました。パソコンをもってかえって、学校が休みのときは、ズームというアプリでじゅぎょうをうけていました。いろいろな国のことばがならえるので、オーストラリアのじゅぎょうがすきです。

つぎは、もちもののちがいです。日本は、ランドセルの中にれんらくぶくろ、国ご、さん数のノートときょうかしょ、すいとう、月曜日には、体いくぎをもって行きました。オーストラリアは、じぶんのファイル、水とう、おべんとう、スナック、月曜日には図書かんの本をもっていきます。アメリカは、おべんとう、水とう、ファイル、スナックをもって行きました。ハロウィーン、バレンタイン、エンドオブ・ザ・イヤーにパーティーがあって、スナックをいっぱいもって行けたので、アメリカがすきでした。

休みじかんもいろいろちがいがあります。日本は、チャイムがなったらぼうしをもって外に行きました。二十五分しかなかったけれど、たのしめました。オーストラリアでは、スナックをたべてからあそんでいます。ぼうしをわすれると外に行けません。サッカーを多くやっていますが、フットボールをすることもあります。アメリカは、じかんになったらかたづけをしてあそびに行きました。グラウンドがひろかったので、おにごっこがいっぱいできました。やすみじかんがそれぞれたっぷりあってうれしかったです。

ランチもいろいろなちがいがあります。日本は、きゅうしょくがあって、きゅうしょくとうばんをやっていました。とうばんでは、ごはん、のみもの、しょっき、おかずなどをくばっていました。オーストラリアでは、じぶんのおべんとうをもって行くか、オンラインでごはんをかいます。かった人のごはんは、ランチのじかんにクラスにはこばれてきます。ごはんをたべた人からあそびに行けます。アメリカは、カフェテリアでたべていました。あそぶじかんがあるので、オーストラリアがすきです。

さいごは、行きかえりのちがいです。日本は、おかあさん、おとうさんといっしょにあるいて行っていました。オーストラリアでは、ねんちょうさんから二年生まではおむかえです。三年生から六年生までは一人でかえることができます。アメリカは、車でおくりむかえか、バスにのってかよっていました。バスがあったのでアメリカがすきでした。

ぼくは、三つの国に行くのはたいへんだと思います。とくにむずかしかったことは、しゃべりかたです。ようちえんでは、先生が言っていることがぜんぜんわからなかったけれど、いまはなれてきました。ほかにも、とう校や下校のじかんがわからなくなったりします。たのしかったことはいっぱいあります。たとえば、ともだちをいっぱいつくったり、バスで行けてらくだったり、きゅうしょくとうばんをやったり、うんどうかいでリレーに出るのがたのしかったです。たのしいことのほうが多かったので、ほかの国の学校のこともしりたいです。

『わたしのカタカナ日記』

ヒューストン補習授業校（テキサス州）小二　倉《くら》橋《はし》亜《あ》子《こ》
（海外滞在年数三年六カ月）

わたしは、アメリカにすんでいます。土曜日には、日本ごほしゅう校にかよっています。

一年生になると、きょうか書をもらい、しゅくだいもはじまりました。おねえさんになったみたいで、うれしかったです。

ところが、二学きがはじまりしばらくすると、たのしくなくなってきました。カタカナがはじまったからです。ひらがなを四十六文字おぼえたうえに、同じだけカタカナをおぼえなくてはいけません。

わたしには、二十六文字のアルファベットをおぼえるだけのえいごのほうが、かんたんに思えました。

ある日、先生が

「カタカナをぜんぶならったら、テストをします。」

と、言いました。わたしはカタカナがにがてだけれど、テストでわからないほうがもっといやなので、なんとかしようと思いました。

まずは、おかあさんにわたしがどうやってひらがなをおぼえたのか、ききました。

「あ子が日本のようちえんに行っているときに、クラスでお手がみこうかんをしていたからおぼえられたんだよ。それから、まい日日記を書いているからわすれないんだよ。」

と、おしえてくれました。

わたしはピンとひらめきました。「今日からぜんぶカタカナで日記を書こう。」そのよるに書いた日記は、『キョウカラ、ゼンブオボエルマデカタカナデカキマス。』でした。おにいちゃんからもらったカタカナひょうを見ながら書いたので、とてもじかんがかかりました。それからまい日そのひょうを見ながら、カタカナ日記をつけました。五日ぐらいでひょうがいらなくなり、十日たつとスラスラ書けるようになりました。

ついにテストの日がやってきました。わたしはドキドキしながらも、どんどん書きこみました。ところが、一文字わからない字がありました。それは、「ヌ」でした。わたしは日記に一ども「ヌ」を書いていなかったのです。まんてんをとれなくてざんねんでしたが、カタカナ日記のおかげで今はぜんぶ書けます。

これからも、にがてなことが出てきたとしても、くふうをしながらとくいにかえていきたいです。

『夏休みカウントダウン』

オタワ補習授業校（カナダ）小二　東《ひがし》　村《むら》　萌《めい》
（海外滞在年数八年二カ月）

「あと何日で夏休み？」

私は今日もグーグルさんに聞きました。いよいよ夏休みまであと一か月です。

カナダの夏休みは七月から八月までです。学校の友だちに毎日会えないのはさみしいけれど、二か月間も学校が休みなんて、ランラン歌い出しそうな気もちです。夏休みのことを考えると、やりたいことや楽しみなことが頭の中にどんどんあふれてきます。

まず、七月には日本語のサマーキャンプがあります。サマーキャンプは日本語のべんきょうをするばしょです。友だちとあそぶところでもあります。校ていには大きなゆうぐもあって、休み時間にあそびに行きます。きょ年は水あそびができる公園まで遠足にも行きました。日本人の友だちと毎日学校で会えるなんて、日本の学校に行っているみたいに楽しいです。そうじの時間もあったらもっといいのになと思います。

サマーキャンプいがいにも、やりたいことがたくさんあります。たとえばスリープオーバー。スリープオーバーは友だちとおとまりすることです。私はスリープオーバーが大好きです。友だちといっしょにごはんを食べたり、おふろに入ったりするのが楽しいからです。この前のスリープオーバーでは、ねている時もいっしょにあそびたかったので、

「いっしょのゆめを見ようね。」

と言って、友だちと手をつないだままねることにしました。でも、友だちはねたらすぐに手をはなしてしまって、同じゆめは見れませんでした。夏休みには、さいてい五回はスリープオーバーをしたいと思うので、つぎのスリープオーバーでは、手をつないだままねていっしょのゆめを見たいです。

キャンプにも行きます。きょ年のキャンプでは川でカヌーをしました。みんな、

「つかれるー。」

と言いながら、力いっぱいマシンのようにこいでいました。それでも子どもたちは楽ちんです。かるくこぐだけで、大人たちがかんばってこいでくれるからです。今年もまたキャンプにいってカヌーをやりたいなと思います。キャンプにもって行くもののリストも作って、トラン

プやお絵かきセットもわすれずにもって行きたいです。

次の大きなイベントは、トロントにエンゼルスの大谷さんのしあいを見に行くことです。私の父が大谷さんをおうえんしているからです。父は大谷さんの時間を一分でもすぎると
「あー、もうはじまっちゃってるじゃーん」

と、あせっちゃうぐらい大好きです。私と兄もしあいを楽しみにしていて、さいきん二人でキャッチボールのれんしゅうをしています。自分のグローブで、大谷さんのボールをキャッチするためです。頭とかにガーンとぶつかって大けがするのはいやなので、れんしゅうがひつようです。もしバシッとかっこよくキャッチできたら、テレビにもうつるので、日本のおばあちゃんにも見てほしいなと思います。

「あと何日で夏休み？」

あと一か月くらいだと分かっているけど、やっぱり私は毎日グーグルさんに聞いちゃいます。一日みじかくなるたびに、私はうしろへたおれるぐらい大きなばんざいをしてよろこびます。私の毎日は夏休みまでずっとワクワクです。

『ぼくの弟はカナダ人で日本人』

オタワ補習授業校（カナダ）小二　曽《そ》根《ね》拓《たく》真《ま》
（海外滞在年数六年三カ月）

ぼくは、四人きょうだいです。一ばん上は姉で、二ばん目と三ばん目はふた子の兄と姉で、一ばん下がぼくです。そして秋にぼくに弟が生まれます。はじめてそのことを知った時、ぼくはおどろきました。でも、とてもうれしかったです。おとなりさんには小さな男の子が二人いて、ぼくは学校から帰ってくると、いつもいっしょにあそんでいます。とてもかわいいので、その子みたいな子がぼくの家にこれからやってくるんだと思うだけで、しあわせな気持ちになります。

でもぼくは、ぎもんに思っていたことがあります。それはお母さんのおなかにいる赤ちゃんが、「なに人か？」と、いうことです。ぼくのお父さんとお母さんは日本で生まれた、日本人です。ぼくの姉と兄も日本で生まれた、日本人です。でも、ぼくはアメリカで生まれたので日本人でもあるし、アメリカ人でもあると、お母さんは言います。

　ぼくの家ぞくはみんな日本語を話します。でも姉と兄は、ぼくの今すんでいる国カナダのカナダ人と同じようにえい語を話せるし、フランス語も話せます。でもカナダ人ではありません。しかし、えい語が姉や兄ほど話せないぼくは、アメリカ人だというのです。学校の友だちでも、中国語を話すのに「ぼくはカナダ人だよ。」と言っている子もいます。

　ぼくはよくわからなかったので、お父さんにしつもんしました。

「なんでぼくはえい語がうまくないのに、アメリカ人なの？　日本で生まれていないのに、日本人なの？　ぼくの友だちは中国語を話すのにカナダ人なの？」

「それはね、カナダやアメリカのようにその国で生まれた人をその国の人とみとめる国と、日本のようにお父さんやお母さんと同じ国の人になる国の、二つあるからだよ。だからアメリカで生まれて、日本人のお父さんとお母さんから生まれたたくまは、アメリカ人でもあるし、日本人でもあるよ。言ばはべつの話だよ。赤ちゃんのうちは話せないでしょ？　子どもはそだつうちにしぜんと言ばをおぼえるから、生まれてくる弟もこのままカナダにずっとすんでいたら、えい語もフランス語も話せるようになるよ。日本語だって、たくまが教えてあげられるよね。」

と、教えてくれました。

「じゃあ、ぼくの弟はカナダ人で日本人ってこと？」

「そうだよ。家ぞくではじめてのカナダ人だね。」

ぼくは、なんとなくいみが分かった気がしました。また、ぼくたち家ぞくがぜんいん日本人だとかくにんできて、ホッとしました。

　ぼくのおじいちゃんおばあちゃん、いとこも、おじさんもおばさんも、ぜんいん日本にすんでいます。でもぼくの家ぞくで日本人です。きょりははなれていても、大切な人たちです。ぼくも大人になって、カナダではない国にすむかもしれません。お父さんお母さん・姉・兄、そして弟とはなれてくらすことになっても、日本人であるということをわすれずに、家ぞくとのつながりを大じにしたいです。また、今ぼくが学校でいろいろな国の言ばを話している友だちとあそんでいるように、なに人であってもなかよくなりたいと思います。

『初めてのクラブ活動』

クリーブランド補習授業校（オハイオ州）小三　橋《はし》場《ば》　慎《しん》
（海外滞在年数四年七カ月）

ごみの中に住みたいですか。排気ガスがいっぱいある所にいたいですか。この二つの質問に対して「いやだ」と言う人が多いでしょう。けれど、地球のいろんな所がごみだらけになっています。それをどうやって止めるのでしょう。

現地校の二年生の初めに、You have the power to create changeとマーギュリー先生が僕たちに、教えてくれました。僕は、幼稚園のころからいろんな所にごみがあるのに気づいていました。それで、僕は何ができるだろうといろいろ考えて、地球をきれいにするために何かしようと決めました。そうだ、クラブ活動をしよう、そう思うと僕は、わくわくし始めました。他の人にもやってもらいたかったからプレゼンテーションの資料を作りました。僕は「地球を救おうクラブ」と言うクラブを作りました。分かりやすいプレゼンテーションの写真を見つけるのが大変でした。校長先生とマーギュリー先生がクラブ活動をやってもいいといってくれたから、二年生のクラスを回ってみんなにプレゼンテーションをしました。きんちょうしました。初めてのクラスでプレゼンテーションをした時に、三十個くらいの目が僕を見ているのが怖かったです。女の子の九十パーセントと男の子の二十パーセントくらいが僕の話を聞いてくれていたと思います。おなかでちょうちょが暴れているみたいでした。口の中に氷が入っているみたいに、いっぱいがくがくしていました。「とにかくしゃべらないと。」と思いました。六クラスあって、二クラス目くらいの時に慣れてきて、さらさら言えました。

プレゼンテーションをした日に、初めてのクラブ活動をしました。二年生の友達と校庭のごみを拾いました。トングでごみを拾ってバケツに入れます。ごみが十個のバケツいっぱいにありました。バケツがいっぱいになったら、ごみ箱に入れます。みんなが一緒にやってくれてすっごくうれしかったです。毎週月曜日と水曜日の休み時間に校庭でやりました。最初のクラブの仲間は六十人いたけれど、どんどんへっていって、最後は五人になったことが悲しかったです。

雑誌、ラジオ、ニュース、いろんな人が僕のクラブ活動のことを応援してくれました。その人たちからインタビューを何回か受けて嬉しかったです。頭の上から花が生えてるみたいでした。取材を受けてよかったです。

地球の空気をきれいにするために、三月に植物を育てることにしました。苗をみんなに植えてもらいたかったので、もう一度プレゼンテーションの資料を作りました。一番見やすい写真を見つけるのが、ボールを積み上げるぐらい難しかったです。苗を植える道具を集めるのは大変でした。林檎ジュースを一生懸命飲んで、ジュースが入っているボトルを切ってシャベルにしました。

種がいっぱい必要な時に、助成金があることを見つけました。助成金のフォームを書くのがすっごく大変でした。ローズマリーとかハーブの苗を植えたり、クローバーの種を蒔いたりしました。みんなで苗を植えるのが楽しかったです。でも、ごみ拾いがクラブ活動の本当の目的でした。けれど、ごみを拾わないで苗を植えるだけの人がたくさんいて困りました。だから直ぐその後、

「月曜日にごみを拾った人たちだけは水曜日に苗を植えられる。」

が、クラブ活動のルールになりました。マーギュリー先生と僕が考えました。五月三十一日が最後のクラブ活動の日でした。僕は、頭の上に生えた花が枯れるぐらい悲しかったです。

今は、クラブ活動をやれてよかったと思います。クラブ活動で、

「みんなで一緒にやったら何かを変えられる。」

と、分かりました。来年は何をするかを考えるとわくわくしてきました。クラブ活動をパンの上のジャムみたいに世界中に広げたいと思います。また、頭に生えた花が成長して木になって、来年になってもどんどん大きくなっていきます。

『日本とカナダ、国境を越えて』

トロント補習授業校（カナダ）小三　岸《きし》田《だ》　羽《う》衣《い》月《る》
（海外滞在年数九年一カ月）

ぼくは、二年前にとつぜん日本にかえることになりました。ぼくのそぼがなくなったというしらせをうけて、かぞくみんながそうぜんとしたことは、今でもはっきりとおぼえてます。まだまだころな中で、日本にかえることはかんたんではありませんでしたが、なんとかその日のうちに日本行きのこう空けんをとり、つぎの日には日

本へかえることができました。

大すきだったそぼとのひさしぶりのたいめんに言葉もでませんでした。実はそれい前にそぼに会いに行こうと何どもこう空けんをとりましたが、コロナのためにキャンセル、そしてえんきになりました。それでもなんとかそぼのおそうしきに間にあうことができました。そぼのおそうしきが終わった後も色いろなじゅんびにおわれて、毎日が風のようにすぎさっていきました。ぼくはあわただしくすぎていく毎日をただただ見まもっていることしかできませんでした。

少したって、父と母が市役所で手つづきをしていたら、市役所の人にげん地の小学校に通うことをすすめられました。初めはそぼのおそうしきにさんかするために、少しのあいだ一時帰国するだけで、またすぐカナダにもどってしまうので、げん地の小学校に通うことはだれも考えてはいませんでした。とくにこのころはコロナのきせいもまだまだきびしく、こんなにあっさりとカナダから来たぼくのことを、学校がすんなりと受け入れてくれることに、おどろきをかくせませんでした。

手つづきがおわり、さっそく次の日からぼくの日本の小学校生活がはじまりました。まずぼくがおどろいたことは、登校する時は母と一しょではなくぼく一人で登校できるということでした。朝学校に行くと、こうちょう先生がやさしくぼくをむかえ入れてくれました。入口を入るとげたばこにくつがずらっときれいにならべられていました。ぼくのむねがどきどきしているのが自分でもきこえてくるほどわくわくした気もちでいっぱいでした。なぜなら、ぼくはいままで日本の小学校に通ったことが一どもなく、新しい場所でうまく楽しくやっていけるのかふ安やきたいでむねがいっぱいだったからです。

教室に入ると学校の生徒たちが目をかがやかせながらわくわくした面持ちでぼくのことを見ていました。それはまるでにぼしをくれるのをまっているねこの目のようでした。先生がみんなの前でぼくのことをしょう介してくれました。それから今どはクラスのお友だちからとしつ問されました。

「カナダでも鉄ぼうはありますか。」

と答えました。

「鉄ぼうはカナダにもあるけど、ぼくはまだ一ども遊んだことがないよ。」

と答えました。すると先生が今から外に出てみんなで鉄ぼうをしましょうとていあんしてくれました。さっそくみんなで外に出て、鉄ぼうをはじめました。さいしょはみんながさか上がりのお手本を見せてくれました。はじめて見たさか上がりに頭をガツンとうちつけられるようなしょうげきをうけました。ぼくもやってみたいと思い、まねをしてやってみたら一回でさか上がりにせいこうし、みんなで大よろこびしたことは、今でもとてもいい思い出です。

次にぼくがきょう味ぶかいと思ったことはお昼の時間でした。お昼になるときゅう食が用意され、きゅう食とう番がそれを教室まで運びます。カナダではきゅう食というせいどがなく家からおべんとうをもってきます。日本ではえいよう士さんが考えたこんだてがあり、えいようまん点のきゅう食を毎日食べることができます。ぼくが一番さいしょに食べたきゅう食のメニューはパンとシチューとケチャップつきハンバーグでした。みんなでいっしょにいただきますをして温かいおりょう理をいただきました。

こうして楽しい日びはあっという間にすぎていきました。カナダで生まれそだったぼくにとって日本はだい二のふるさとです。カナダに住んでいると、日本にいる家族になかなか会うことができなくて、さみしい思いをすることもたくさんあります。しかしそれと同時に、カナダに住んでいるからこそ見えてくるものもたくさんあるように思います。たとえば、今回日本の小学校に体けん入学させてもらったことにより、日本の文化を学ぶことができ、カナダと日本の様ざまなちがいを知ることができました。

カナダにもどって来てから、二年という月日があっという間にすぎました。あの時すごしたあの子は元気にしているだろうか。そぼは天国で楽しくくらしているのかなと思いだすことがあります。またきっといつか日本に帰ったら、会いたいなという気もちをむねに、今日もカナダで元気にすごしています。

『自力組のみなさん、ありがとう。』

ソウル日本人学校（大韓民国）小三　桑《くわ》原《はら》りん
（海外滞在年数二年二カ月）

自力組のみなさんお元気ですか。私の事をおぼえていますか？　これから帰ってしまった友だちへとってもやさしくしてくれてうれしかったかんしゃの気もちをつたえます。

私は、二千二十一年四月に東京都町田市中央小学校に入学して一ヶ月だけ通って、二十一年五月にお父さんの仕事で韓国ソウルにひっこしてきました。ソウルも新型コロナウイルスが流行っていました。ソウルにとう着の次の日にお父さん、お母さんといっしょにソウルマポ区のほけん所に行ってＰＣＲけんさをうけました。長いめんぼうで鼻をクシクシと回す所を見て「こんな事するの！」と今すぐにげ出したくなりました。

　二週間のかくりがおわって、私はマポ区のソウル日本人学校にてん入しました。登校はイチョンから通うバス組と、学校の近くに住んでいて歩いて通う自力組がある事を知りました。学校前のマンションに住んでいた私は自力組でした。自力組がバス組の学生より少なかったので、さいしょはがっかりしました。日本で入学してすぐたくさんの友だちとわかれてしまったので、ソウルでは「たくさんの友だちを作りたい！」と思っていたからです。

　ですが、自力組は男の子が多くはじめての学校でドキドキしていた私は、男の子にも女の子にも話しかけるのが少しにがてでした。

　ある日、男の子たちが、

「シジャンに行こう。」

と話しているのが聞こえました。男の子のグループだったのでふ安でしたが良いき会だから勇気を出して「行ってみよう。」と思いました。韓国語でシジャンは市場の意味で、毎週一回金曜日に開かれている事をその時はじめて知りました。にぎやかで色々な物を売っているシジャンはまるで、日本のおまつりのようでした。マンションとマンションの間にテントとやたいができて、入口からバナナ、りんご、みかんのようなくだ物や、はくさい、ネギ、ジャガイモ、だいこんなどのやおやのテントがずらりとならびます。韓国のトッポッキ、チーズスティック、ミニチキンなどのやたいもあります。飲み物はぶどうジュースとみかんジュースがあり、

「何味にした？」

と聞いたり答えたりして、だんだんと友だちとも話しやすくなりました。そうしてすごしているうちに、私のとくべつな金曜日になりました。シジャンの道は五団地マンションの公園につながっていたので、みんなで公園にも行きました。そこで目かくしおにをした時です。私はアスレチック遊具の上で目をつぶって歩くのがこわくて、泣いてしまいました。みんなと遊びたい気もちと泣いてしまってはずかしい気もちとがまざってこの日私はさよならも言わずに帰りました。だけどみんなはのこって「私もいっしょに楽しめる遊び」を考えてくれていた事を知りました。さよならも言わずに帰った私を、仲間

に入れようとしてくれたみんなの気もちに気づきました。こんな金曜日がつづいたら良いなと思いました。しかし、私が二年生になり、みんなが日本と海外に帰る事になりました。さいごのシジャンと公園で遊んだ日、「どうして一日ってこんなに早いんだろう」と、今までを思い出して泣いてしまいました。みんなと最後のお別れの後手をあらう前に「まだ友だちと遊んだキンがついている！」と思い、いそいで小さなびんに入れてフタをしました。

これは、私のだいじなたから物です。

三年生になって、習い事やしゅく題が多くなりあの公園に前よりは行けなくなりました。けれど新しい友だちもふえて、今も楽しくすごしています。あの時みんなが教えてくれたあたたかくてやさしい気もちをわすれないで友だちにもつたえたいと思います。

自力組のみなさん、ソウル日本人学校にてん入してきた時、短い時間でしたが、私の友だちになってくれてありがとう。また、友だちの大切さを教えてくれてありがとう。十年後、私たちは日本、韓国、シンガポールなど、はなれてすごしているかもしれません。みなさんはきっと大学生、会社員、スポーツせん手、びょうし、声ゆう、アイドルなど、りっぱな大人になっているでしょう。私もみなさんとの思い出をわすれないで、まわりの友だちを大切にしながら、ゆめに向けてがんばってべん強していきます。

自力組のみなさん、また会う日まで元気でね。ありがとう。

『毎日聞かれる昼食』

ニューヨーク育英学園サタデースクール（ポートワシントン校）（ニューヨーク州）小三　梅《うめ》舘《だち》　小葉音《こはね》
（海外滞在年数四カ月）

わたしは今、昼食の時にクラスの友だちから、毎日

「今日の昼食は何ですか。」

と聞かれています。なぜかというと、わたしが、まわりの友だちと食べている物がちがうからです。それは、はじめてわたしが学校に来た日からはじまりました。

わたしがはじめてアメリカの学校で食べた昼食は、お

母さんが作ってくれたふりかけごはんと、ブロッコリーと、さつまいものにものと、やけたさけでした。わたしがおべん当のふたをあけたしゅん間、となりのせきの子に、

「オー、ライス？」

と大きな声で言われました。（えっこれがふつうじゃないの？）と、わたしはびっくりしました。まわりの子を見てみたら、ポテトチップスや、ぶどうや、あげたポテトみたいな物を食べていて、（えっそれが昼食なの）とおどろきました。そしてその後、（わたしのおべん当ってみんなとちがってなんかやだな）と思いました。でも食べたらやっぱりおいしかったです。その日、むかえに来てくれたお母さんに、

「もうごはんはいやだ。もう入れないで。」

と言いました。お母さんが、

「えっ。なんで？」

と聞いてきました。わたしは、

「オー、ライス？　って言われたの。もうそうやって言われたくないからいやなの。」

と言いました。お母さんは、

「じゃあ明日は何をもっていくの？」

と言いました。わたしは、

「みんなと同じような物。」

と答えました。

「みんなと同じような物ってどんな物？」

とお母さんが言ったので、わたしは、

「ポテトチップスとかまわりがさくさくみたいなよく分からない物。」

とおこった声で答えました。すると、

「え、みんなポテトチップスが昼食なの？」

とお母さんもびっくりしていました。その夜お父さんにも昼食の話をしたら、

「自分のとちがってびっくりしたけど、ちがってていいね、って意味かもよ。」

とお父さんが言いました。お母さんからは、

「明日は入れる物をすこしかえてあげるから、がまんして。」

と言われました。わたしは、（明日も昼食にごはんをもっていったら、また同じことを言われる。いやだな）と思いました。

次の日にも、わたしは学校で昼食を食べました。昼食を食べる前に、クラスの女の子からトランスレーターで、

「今日の昼食は何ですか。」

と聞かれました。わたしは、トランスレーターで、

「おにぎり。」

と答えました。そしたら、ゆびでグッドをされました。その女の子は、ゆびでグッドをしながら、いいね、という顔をしていました。わたしは（ちゃんとつたわったんだな）と思いました。わたしは、（すこしちがっていてもいいのかな?）と思いました。その日の昼食は、きのうよりもおいしかったです。家に帰ったら、わたしはお母さんに、

「やっぱりいつものままでいい。いつものままがいい。」

と言いました。お母さんは、

「あ、そうなの。じゃあいつもと同じにするね。」

と言いました。その日から、毎日トランスレーターで、

「今日の昼食は何ですか。」

と聞かれるようになりました。わたしが昼食でもっていったのは、スパゲティ、やきそば、みそしる、たまごやき、カレーライスなどです。わたしはえい語を話せないので、トランスレーターを使ってクラスの友だちと話をします。友だちはトランスレーターで、

「それはいいですね。」

と言ったり、親ゆびを立ててグッドなどをしてくれます。また、みんなわたしの昼食をのぞきに来たり、わたしのとなりにすわりたがったりします。わたしは、（みんなわたしの昼食が気になるんだな）と思っています。

今わたしは、昼食の時間が楽しみです。なぜかというと、（今日の昼食は何かな）と楽しみなのと、今日も
「今日の昼食は何ですか。」

と聞かれるかな、と楽しみだからです。

『モチベーションの原石』

ダービーシャー補習授業校（イギリス）小四　エルゴザミィ　ジェイク
（海外滞在年数十年二カ月）

ぼくのお母さんは日本人なので、ぼくは日本語を「けいしょう語」として学んでいます。そんなぼくは、毎週土曜日にあるほ習校に行くのはとても楽しいのですが、家で宿題をする時、とくに漢字をおぼえることがいやでないてしまう時があります。

「せっかくおぼえても日じょう生活で使わないからすぐにわすれちゃうのにな。」

とやる気が出ないぼくに、お母さんはいつも同じ事を言い

ます。

「今はそう思っても、いつかジェイクが自分から日本語を学びたいと思う時に楽になるんだよ。」

でもぼくにはまだそのい味がよくわかっていません。でもこの間、少しだけ気づいた事がありました。

ぼくのお母さんは、ぼくが通うげん地校で「ティーチングアシスタント」という、クラスで先生のほさをする仕事をしています。今回、二年生から六年生のきぼう者とほうか後に「ジャパニーズクラブ」を始める事になりました。お母さんは、

「きぼう者がたく山いてね、一人だと大へんだな。アシスタントがほしいな。」

とぼくにヒントをあたえてきました。ぼくは少し考えました。

「げん地校の友達の前では日本語を話した事もないし、はずかしいな。みんなは日本の事を知ってどう思うのかな。」

なやんだけれど、一人であわてているお母さんの様子が目にうかんだので思いきって言いました。

「いいよ、ぼく手伝ってあげる。」

お母さんの目がキラキラしました。ぼく達は毎週相談しながら色々なアクティビティーを計画しました。第一回目は、それぞれの名前の書き方を教えて、のこり時間にはおり紙でおひな様を作りました。自分の名前を紙にびっしりと書いて、見なくてもすぐにかける様になった子がいて、

「ぼくは何日もかけてできる様になったのに。」

と思いました。むかえに来た家族に楽しそうにひな祭りについて学んだ事を早口で教えている人もいました。

第二日目は、数字の一から十と、体の部位をおぼえました。

「先生、十から一までカウントダウンしてみるから聞いて！」

「体の部分をおぼえる歌を作ったよ。」

言われた事だけではなくて自分なりに工ふうをしておぼえている様でした。

第三回はのりまきを作りました。

「おすしを食べるのは初めて。家族と一っしょに食べてみるのが楽しみ。」

と大切そうにのりまきをかかえている子を見て、色々なおすしを食べた事のあるぼくはラッキーなんだと思いました。

第四回目は、おはしのしゅ類のしょうかいと使い方の体けんです。みんなはレストランで見るおはししか知らなか

ったので、料理で使う菜ばしや子ども用のトレーニングばしに大こうふんでした。お母さんとぼくが小さい豆をつかんでみせると
「ワオ！」

という声が上がりほこらしく思いました。

　第五回はこいのぼりを作りました。魚をかざっておいわいするという、みんなにとって見た事も聞いた事もない文化です。

「ヘンな習かんだね。」

と笑われないか心配でしたが、みんなはきょう味をもって取り組んでいたので安心しました。

「まごいの色は伝とう的には何色ですか？」と聞いた六年生は、一生けん命メモを取りながら聞いていました。

　さい終回は日本の昔あそびと、祭りばやしをＢＧＭに金魚すくいです。だるま落とし、さか立ちコマ、おはじき、けん玉に竹とんぼなどです。

「日本はアニメやゲームといったハイテクな国というイメージがあったけれど、こういうおもちゃもあるんだね！」

　みんなが知らなかった日本の一面をぼくとお母さんで伝えられた事に達成感を感じました。

　こうして、ふだんとはぎゃくの「教える」という立場から日本の言語と文化を見るけい験ができたのです。みんなの「知りたい」や「教えて」というねっ心な気持ちにふれて、ぼくの心が少し動きました。

「もっとべん強をして他の人にも日本の良い所を伝えたいと思ったよ。」

と言ったぼくを見たお母さんの目はまたキラキラしていました。

『私の大好きな日』

カンタベリー補習授業校（ニュージーランド）小四　篠《しの》原《はら》眞《ま》弥《や》
（海外滞在年数九年十カ月）

　私が週の中で一番好きな曜日は、火曜日です。私は、小学一年生になってからすぐ、毎週火曜日の午後は、フランクさんの家で算数を教えてもらっています。フランクさんは数学の教じゅなので、算数がとてもとく意です。私にはさっぱり分からないむずかしそうな数学の本を書いて出ぱんしています。

数学の教じゅと聞くと、気むずかしい人を想ぞうするかもしれません。でも、フランクさんはとてもやさしくて、おりょう理や畑仕事、大工仕事などを通して、私に算数を教えてくれます。そして、子どもの私の考え方をよくわかってくれます。だから私も算数が好きになり、ふだんの生活の中でも「算数が分かるとすごくべんりだな」と感じる場面がふえてきました。

フランクさんの算数教室では、まずさいしょにすもうを取ります。すもうで勝った人も負けた人も一しょにトロフィーのアイスクリームを食べます。エメラルドグリーンの丸々としたいすをお庭に向けて、アイスクリームを食べながら暗算の練習をします。私は、暗算が好きです。かんたんなかけ算からはじまって、マイナスとプラスの分数のかけ算、それにルートの計算練習もやります。私はこの暗算の練習の時、「前の週に分からなかった問題はとけるようにするぞ！」と心に決めています。

ある日、フランクさんは、いつも通りはり切って

「今日はコーンブレッドを作るよ。」

と言いました。私はうれしくて

「イェーイ！」

と言って、フランクさんのまわりをビョンビョンとびはねました。だぼだぼのエプロンをつけて、私はじゅんびばんたんです。けれども、ここは算数教室。フランクさんは、

「今日は、レシピの一と四分の三倍サイズのコーンブレッドを作りたいんだよ。」

と言いました。だから、私の作業は、もとのレシピのざいりょう一つ一つを、一と四分の三倍の量に計算することから始まりました。このように、私は、分数や小数の考え方は、フランクさんとのおりょう理を通してだんだんわかるようになっていきました。フランクさんのキッチンでは、本当のシェフのような事が出来て、いつもとてもうきうきします。

全てのざいりょうをまぜ合わせてから、私たちはコーンブレッドをやく入れ物に、たっぷりのバターをぬりました。手の温度でバターがやわらかくとけて、みるみるうちに入れ物は黄色くそまっていきました。キッチンペーパーで手についたバターはふききれず、二人でせん面所で手をあらいました。その時、フランクさんは、シェービングクリームを顔にぬって、私たちはフェイスペインティングをして遊びました。フランクさんはねこ、私はパンダになって、二人で大笑いしました。

私たちは、いつものように

「ワン　ツー　スリー　ゴー！」

と声を合わせて、私が大きなオーブンのふたを開けました。それから、オレンジ色に温まったオーブンの中に、フランクさんがす早くコーンブレッドのたねを入れました。やき上がるまでに、何度もオーブンのまどに顔を近づけて、中の様子をのぞきこみました。

　かくれんぼをしているうちに、コーンブレッドがやき上がりました。フランクさんが、ふかふかであつあつのコーンブレッドを切って味見させてくれました。ぱくっと一口かじってみたら、少しあまくてしょっぱくて、それはゆめのような味でした。もし、私がコーンブレッド世界大会のしんさ員だったら、にじ色メダルをあげたいと思います。なぜなら、私たちのコーンブレッドは、世界で一番美味しいにちがいないからです。

　その日の夕方、父と母が
「いいにおいだねぇ。」

と言いながら、私をむかえに来てくれました。それから、母のにんじんサラダ、フランクさんが作った大なべいっぱいのブラックビーンスープ、それに主役のコーンブレッドをかこんで、みんなで夜ごはんを食べました。私が苦手なブラックビーンスープでさえ少しだけ美味しく感じられました。大好きな人たちと楽しいおしゃべりをしながらごはんが食べられて、私の心は、やきたてのコーンブレッドのようにぽかぽかに温かくなりました。

　私のしょう来のゆめは、お医者さんになることです。それまでに、フランクさんのように色々な立場の人が理かい出来て、社会のためにがんばれる大人、そしてお医者さんになりたいです。

『大好きなカブトガニ』

ニューヨーク育英学園サタデースクール（NJ校）（ニュージャージー州）小五　佐久間《さくま》　まゆ
（海外滞在年数十一年二カ月）

　毎年五月は、楽しみな事が二つあります。一つ目はわたしのたん生日で、二つ目はカブトガニの産らんを見に行く事です。

　わたしが住んでいるニュージャージー州は、アメリカの東海岸に位置していて、その南はしにあるケープメイ郡は、毎年何千万びきものカブトガニが産らんのため上陸する事で有名です。カブトガニが冬みんから目覚める五月半ば、車で三時間かけてケープメイ郡が面するデラウェアベイに向かいます。とても大きなひ潟なので、対岸のデラウェア州はかすんで良く見えません。広大などろのはま辺は様ざまな大きさの野鳥達が飛び交っていてとてもにぎやかです。そして水際に目を移すと、たく山のカブトガニが丸いカブトをぽっこりさせてあちこちにいます。メスとオスがくっついてつがいになっていたり、一ぴきのメスに複数のオスが連なり電車みたいに行動を共にしているのもいます。

カブトガニは、四億年以上前からほとんど進化せずに地球上にそん在していると言われています。わたしはきょうりゅうが好きなので、きょうりゅうですら絶めつするほどの過こくなかんきょうで生き残ったカブトガニに興味を持ち始めました。進化する必要が無かったという事は、てきから身を護るのも、エサを取るのにも適した完ぺきな体なはずです。ところが、観察してみると変だなと思う事がありました。

例えば、波におされたりしてひっくり返ったら、かん単には自力で元にもどれません。しおが引いた陸地には、何びきものカブトガニがさかさまになってもがいています。びけんとよばれるするどくとがった細長いしっぽを前後にふって起き上がろうとします。エラの部分がかわくと死んでしまうし、その前に野鳥に見つかれば食べられてしまうので必死です。カブトの両面にびっしりと貝がき生しているのもいて、見てるだけで重たそうです。わたしは、そんなカブトガニをひっくり返して元にもどしてあげる度、なぜ自力で起き上がれるように進化しなかったのか不思議でなりません。

さて、近年カブトガニの数は減り続けています。ひ潟の減少や、ウナギ漁のエサとして利用されているのが主な原因です。カブトガニがもしも絶めつすると、そのたまごを栄養げんとして飛来してくるわたり鳥達の生態けいのバランスがくずれます。そして、実はわたし達の健康にとってもそれは非常に重大な問題なのです。

カブトガニの青い血は、薬やワクチンにばいきんがいないかを検査するのに使われています。よごれていたら血が、ゼリーの様に固まる事で判明するのです。カブトガニのおかげでわたし達は安心して医薬品を使えるので、わたし達にとってなくてはならないそん在なのです。何億年も前からそん在しているカブトガニが、最先たんの医学に役立つってとても神ぴ的だなと思います。見た目はあまり進化していないと言われているけど、実はその血に絶めつしなかったカギがかくされているのかもしれません。

ところで、今年わたしはカブトガニを保ごするボランティア活動に二回参加しました。最初のは、はま辺でひっくり返ったり、岩や丸太にはさまったカブトガニを救出するのが主な活動でした。係員の説明を聞きながらはま辺を何マイルも歩き、助けた数を記録していきます。人間が作った防波ていに運悪くはさまったカブトガニも、こうして水の中に帰れます。一ぴき助かる度に、このカブトガニがこれから毎年たくさんのたまごを産んでくれると思うとはげみになります。次に参加したのは、カブトガニの数や分布を調査するための追せきタグを付ける仕事で、これがとても楽しかったです。ヘッドライトをそう着して、防水加工のウェーダーに身を包むと、それだけでワクワクしてきました。電動ドリルの使い方の講習も受けて、準備はバッチリです。家では、電動ドリルを使うのは父の役目ですが、今回はわたしの番です。暗やみの中、水に入りヘッドライトを照らしながらさがし続け、その結果七ひきのカブトガニにタグを付けるのに成功しました。まず、身体の大きさを測り、前体部右下にドリルで小さなあなを開けます。そこに白くて丸いタグを差しこみ水にもどしました。

このように、絶めつのき機にさらされているカブトガニですが、その数を守るための活動もさかんになってきました。世界中で、アメリカと、日本をふくむ東南アジアにしか生息していないカブトガニ。わたしはカブトガニから、自然の大切さ、人間と共ぞんするむずかしさそしてなぞに包まれた進化の過ていなど、たくさんの事を学んでいます。

来年五月にわたしがタグを付けたカブトガニを見つけに行くのが待ち遠しいです。

『小さな学校で学んだこと』

キャンベラ補習授業校（オーストラリア）小五　テイラー　恵《え》真《ま》
（海外滞在年数十一年二カ月）

私はオーストラリアにある補習授業校に通っています。そこで日本語を学びながら、一つの夢ができました。それは、日本の小学校で友達を作り、一緒に勉強することです。今年、私のお母さんの通っていた小学校に体験入学が出来ることになり、ついにその夢が実現する時が来ました。私は、出発までの人毎日とても楽しみにしていました。

始業式で校長先生が、

「オーストラリアから新しいお友達が来てくれました」

と、しょうかいしてくれた時、こうどうがザワザワしました。そして、私は大きいぶ台に上がって、全校生徒約百五十人と先生の前で自こしょうかいをしました。とてもきんちょうしましたが、この日をとても楽しみにしていたので、思い切って声を出しました。

始業式の後、私の周りにたくさんの人だかりができて、

「よろしくね」

などと、やさしい言葉をかけてくれました。とてもうれしかったです。

日本の小学校でびっくりしたことがたくさんありました。まず、時間割表があることです。一週間先の授業や持ち物が書いてあります。オーストラリアの学校では、当日登校してからでないとその日に何があるのか分かりません。教科書も宿題もありません。

次に、日本の先生たちは中間休みに生徒と一緒にドッジボールをしたりして遊んでくれることです。オーストラリアの学校の先生はいつもいそがしいのでこんな風に遊んだことがありません。そして給食も一緒に教室で食べます。

先生がおこっているすがたを見たことがありません。先生がおこってなくても、(先生や友達にめいわくをかけてしまったかな？　気をつけよ)と、生徒がそれぞれ自分たちで気付くみたいです。そして、どんな授業でもスポーツでも、みんな楽しく取り組んでいるところがいんしょう的でした。男子も女子も仲が良くて、学校や公園でも一緒に遊ぶこともたくさんありました。私は今までそういう場面を見たことがなかったので、とても新せんに思えました。

オーストラリアの学校の私のクラスには生徒は一クラスに三十人もいますが、私が通っていた日本の学校は一学年に一クラスしかなく、私の学年には十八人しかいませんでした。小さい学校だからこんな風にちがうのか、先生も全校生徒もみんな仲良しで、みんなが協力しながら日々を過ごしていました。

学校生活でとても楽しみにしていたのは給食です。オーストラリアの学校では、家から持ってきたお弁当や果物など、三回も学校で食べる時間があたえられます。日本の学校は給食だけです。栄養士のおばさんが午前中に一生けん命作ってくれます。(今日の給食は何かな)と、毎日楽しみでした。給食のおばさんが、学校の大きな台所で、みんなの健康のために作ってくれた給食は全部と

てもおいしかったです。

　そして、給食の後の中間休みが終わったら次はみんなでそうじをします。一週間ごとにそうじの当番も班ごとに分けてちゃんと決めてあります。みんな楽しくおしゃべりをしたり、おたがいを助けながらそうじをします。そうじの後は、気持ちもスッキリしました。こんなにきちんとして、みんなが協力し合う学校にいると、私も一緒にがんばりたいという気分になります。家で親に、そうじをしなさい、と言われるよりも、友達と学校でするそうじはもっとやる気が出ます。自分たちが使っている教室、ろう下、階段、黒板、みんなの学校をみんなできれいにすることはとてもすてきだと思いました。

　放課後は、よく公園に遊びに行きました。日本の小学生は、自分たちで公園に行って、門限の時間になったら、また自分たちで家に帰ります。オーストラリアでは、いつも親が一緒にいたり、送りむかえをしているので、こうして自分たちの責任というものがあたえられて、とてもうらやましく思いました。

　ちがう国の全部がちがう小学校で一生忘れない思い出ができました。日本の小学校で友達を作ることが私の夢でしたが、実際は、それ以上にもっとす晴らしかったです。オーストラリアの補習校に行っていなかったら、日本の小学校でこんなに楽しいけいけんをすることができなかったと思います。この小学校にまた通って、友達と一緒に楽しい日々をすごしたいです。

『難民と避難民』

デュッセルドルフ補習授業校（ドイツ）小五　菊《きく》田《た》樹《じゅ》里《り》
（海外滞在年数十年八カ月）

　難民問題という言葉を、よく聞きます。よく聞きますが、どんな問題なのかわかりませんでした。お父さんにこのことを聞くと、

「樹里にはまだ難しいかも。でも樹里の学校にも難民の子供たちはいるよ。」

と、教えてくれました。

「ウクライナから来た子たちかな。」

と、お父さんに聞くと、

「ウクライナの子供たちは避難民。でも広い意味では難民なのかな。」

と、教えてくれました。難民と避難民の違いは、私には分かりません。ですが、大変な苦労や怖い思い、経験をしてきた、ということは私にも分かります。戦争や迫害、理由は色々あるでしょうが、子供には意味がわかりません。テレビを見るとニュースでウクライナのことがやっていました。私より小さな子供が、けがをして泣いています。

「いたい。いたい。」

と、聞こえるようで、私はすごく悲しくなります。私は想像してみます。これが自分だったらどうだろう。お父さんもお母さんもお兄ちゃんたちも、みんな死んでしまったらと思うと、想像するだけで怖くなります。

私の学校にはウクライナから来た子供たちが四人、通っています。その子たちは最初、ウクライナ語を話していましたが、学校でドイツ語を勉強すると、少しのドイツ語で私たちに話しかけてきます。いつも元気で明るく戦争している国から逃げて来たとは思えませんでした。ある日の学校の帰り道、二人のウクライナ人姉妹が、ホテルに入っていくのを見ました。どうやらその子たちは、ホテルで暮らしているようです。その話を家でしてみると、「子供たちだけで、ドイツに来たのかな。家族はみんな戦争で死んでしまったのかもしれない。優しくしてあげないとね。」

と、お母さんが言いました。それを聞いて、私は急に怖くなりました。子供だけで暮らすなんて、想像がつきません。

ニューシャは同じクラスで、仲の良い友達です。彼女は家族で三年前に、イランからドイツに来ました。宗教的な理由で、イランに住めなくなったみたいです。イランはイスラム教徒の国ですが、ニューシャの両親はそれに反対でした。イスラムの女性はヒジャーブという大きなスカーフのようなもので、頭から体をおおい隠します。ニューシャの両親はそれが嫌だったみたいで、警察に逮捕されそうになって、自分の国から脱出したそうです。

「ニューシャの家族は難民で、ウクライナの子供たちは避難民だよ。」

と、お父さんが教えてくれました。私にはまだ違いがよくわかりませんが、考えてみるとドイツには色々な国の人たちが暮らしています。肌の色や宗教の違い、色々な人たちが、ごちゃ混ぜになって暮らしているようです。

前に日本に行ったときに、「日本は日本人ばっかり。」と思いました。たまに違う国の人を見かけますが、旅行者のようでした。なぜ日本には日本人しか住んでいないのでしょう。ドイツは大勢の難民や避難民を、受け入れている。お父さんとお母さんはそのせいで、また税金が上がって治安が悪くなると心配しています。ドイツはかわいそうな人たちを受け入れる優しい国ですが、それに反対する人達も増えているらしいです。日本は日本人だけの平和な国、難民や避難民は少ないです。

「日本は島国だからな。他の国から歩いては来れないからだよ。」

と、お父さんは言います。それだけが理由ではないと私は思いますが、難しくて分かりません。ニューシャもウクライナの子たちも、自分の国へ早く帰りたいと言っていました。自分の国を捨てたり、逃げたりするのはとても嫌なことです。私は世界中の人々が自分の国で、安心して住めるような平和な世界にしたいです。

次の夏休みに私は家族で、日本に旅行に行きます。そのときみんなで、広島の原爆ドームというところに行く予定です。お父さんとお母さんは子供たちに、祖国の戦争の歴史、恐怖、おろかさを教訓として、平和の大切さを教えたいらしいです。私はそこで見聞きしたことを、まずは近くにいる人、友達に伝えたいと思います。

『私のヒーローはお父さん⁉』

サンパウロ日本人学校（ブラジル）小六　熊《くま》野《の》花《か》音《のん》
（海外滞在年数八年五カ月）

私のお父さん。はっきり言って、あまりかっこよくはない。休日、ソファーにねころがって、マンガを見たり、スマホをいじったりする姿をよく見る。家事もほとんど母に任せっきりだ。おまけに時間にもルーズである。私の中のお父さんの理想像はかっこよくて、休日も家事を進んでやってくれるような感じ。私のお父さんとまるで正反対ではないか。理想と現実の隔たりにモヤモヤしながら、毎日を過ごしていた。

そんな私だが、楽しみにしていることがある。久しぶりの日本への一時帰国だ。おいしいご飯も食べられるし、約束していたテーマパークへ行くのも楽しみだった。家族四人で飛行機に乗りこみ、およそ三十時間のフライト。とても長い時間だったが、これからのことを考えると、たいした時間ではないと思うことができた。空港でうんとのびをする。さて、ここからは、予約していたホテルに向かう。私達はバスに乗りこんだ。

時間はあっというまに過ぎていく。日本とお別れの日がきてしまった。名残り惜しい気持ちで、空港行きのバスに乗る。ここでややこしいのが、ターミナルだ。私達は乗り継ぎのため国内線に乗るので、ターミナルは二となる。国際線はターミナル三となっている。私は、初めてのときにまちがえそうになったことがある。だが、今は慣れているから大丈夫だ。そう思いながらバスを降りる。後ろで話し声が聞こえた。見れば、バスの運転手と外国人がもめているのが見えた。その様子を眺めていたが、あまり気にしなくて、結局、外国人は私達と同じところで降りた。そこでお父さんが口を開いてつぶやいた。

「あの人、本当に国内線で合っているかな。」

確かに言われてみれば、外国人が夏休み終わりにまだ国内にいるのは少し不自然だ。お父さんが英語で話しかける。私は何を言っているのか分からない。数分してお父さんが戻ってきた。やはり、外国人はターミナルをまちがえていて、飛行機に遅れるところだったという。それを聞いて、私は思った。日本語が分からず、まちがえて降りてしまった人は、お父さんが話しかけなかったら、飛行機に遅れ、大変なことになっていたかもしれない。その一人を待って、飛行機が遅れてしまっていたかもしれない。言ってしまえば、お父さんの一言で、みんなが助けられたということだ。このときから、私の中は、お父さんへのあこがれ、尊敬の気持ちであふれるようになった。この出来事は、けっして忘れられることはないだろう。そう心の中でつぶやいた。

私のお父さん。家事は母に任せっきり、時間にもルーズ、おまけにめんどくさがり屋。でも、困っている人を放っておくようなことは絶対にしない。私はお父さんのそういうところに気づいてから、ずっとうれしい気持ちで毎日を過ごしている。

『みたらし団子と世界』

サンフランシスコ補習授業校（サンノゼ校）（カリフォルニア州）小六　長谷川《はせがわ》　桜《さくら》
（海外滞在年数十二年三カ月）

私は大きな袋を持ち、現地校の門をくぐりました。心臓がドキドキして、カバンをクラスの前のハンガーに引っ掛けました。どんな風に思われるかな、変な顔をされたらどうしようかな、と考えながら袋のハンドルをぎっしりとつかんで席に行きました。

　私は、その日の朝、早く起きて、お母さんとみたらし団子を作りました。クラスのみんなに紹介したい物をプレゼンテーションする機会があり、私の大好きなみたらし団子の作り方や、みたらし団子は神社のお祭りで神前のお供え物として作られたのが始まりだという事などのプレゼンテーションをして、クラスのお友達に実食してもらおうと思ったからです。みたらし団子を一口で食べられるように丸めるたびに、私は大好きだけど、みんなは甘いしょう油味のたれを美味しいと思うかな、モチモチのお団子をどう思うかな、みんなはただ美味しいねと言いつつ後でゴミ箱に入れてしまうのかな、と不安でした。アメリカには、甘いしょう油味の食べ物はないし、モチモチの食感の食べ物と言えばタピオカくらいしか心当たりがないからです。それでも、私の大好きなみたらし団子をみんなに紹介したくて、丸めた団子に、美味しく食べてもらうように、と願いを込めてお湯で茹でました。

　プレゼンテーションで、いよいよみんなに見せた時、誰もが、

「何だろう？」

と不思議そうな顔をしていました。でも食べたら、みんなが

「美味しい！」

と言いました。ずっと心配していた私の気持ちが一気に明るくなりました。朝早く作って良かったと思いました。そして、クラスみんなの気持ちがみたらし団子で一つになったように思えて、心の中がじわっと温かくなって、とても嬉しかったです。

　後で思うと、私はこの経験で新しい事を学びました。それは、自分のカルチャーの食べ物が、色々な人の心をつなげる事です。アメリカは、様々なバックグラウンドを持つ人々がいます。私のクラスにもいます。みんな違うのですが、みたらし団子は、みんなをつなげてくれま

した。みたらし団子のたれのように、甘い所、しょっぱい所が人のバックグラウンド、そして団子の中はみんなの心のようにも思いました。

『ぼくのふるさと』

香港日本人学校大埔校（中華人民共和国）小六　早《はや》船《ふね》誠《せい》太《た》
（海外滞在年数六年十一カ月）

みなさんにとっての「ふるさと」はどこですか。ぼくにとってのふるさとは香港です。日本人だけど日本での生活はたった一年半しかありません。香港では約七年も生活しているので思い出や幼なじみは日本よりも多いです。そして、落ち着いて居られる場所やホッとする場所は香港だからです。

ぼくは六年生の春休みに、日本に一時帰国をしました。コロナウィルスのせいで帰れなかったので約四年ぶりの日本でした。日本に着いた時ぼくは「自分の国に帰ってきたぞ。」という気持ちではなく、それよりも「観光だ。楽しむぞ。」という気持ちの方が強かったです。それは香港から海外旅行に行った時に感じたのと似ていました。

久々に歩く日本の街はたばこの吸いがらや空きかんが落ちていなくてとてもきれいで、電車の中はおどろくほど静かで、ぼくは中で話す時他の人に聞こえないようにとても小さな声で気をつかいながら話しました。だから電車に乗るのは何だかきん張しました。

この一時帰国でぼくは、都会の東京都と田舎の福井県の二つの県に行きました。この二つの県のふん囲気はここは同じ日本なのかなと思うほどちがいました。福井の街は、静かで山が近くておばあちゃんの家の近くにある日野川では川辺に下り水切りをしました。東京とも香港ともちがうにおいがしました。あまりにもちがいすぎたので、ぼくはたまにそわそわして落ち着かない気分になることもありました。でも日本のご飯はどれもおいしいし、おばあちゃんやおじいちゃんもいるし、楽しい事だらけだから、香港に帰りたくないなと思っていました。

でも香港に帰ってきたらとってもホッとしました。気分が落ち着きつかれがたくさんとれました。あんなに日本は楽しくて帰りたくないと思ったのになぜだろうと思いました。香港の少しムカッとくるたまに乱暴な運転のタクシー、電車の中の大きな話し声、思わず鼻をつまんでしまう漢方屋さんのにおい、東京タワーと同じ位高い超高層ビルの数々、ほっぺたが落ちてしまうほど甘くてやわらかいマンゴー餅、香港の定番スイーツでぼくのお父さんお母さんも大好きなガイダンジャイ、小ろん包がとってもおいしい飲茶、香港バージョンのラーメンの米線、思わず「ごみ箱に入れて」と言いたくなるポイ捨てされたごみ、いつ終わるのと聞きに行きたくなるビルやマンションの中で行われる工事の音。これらの鼻で感じる「におい」、耳で聞く「音」、舌で感じる「味」、目で見る「景色」が当たり前になっていてぼくを落ち着かせてくれるものになっていました。だから、ぼくのふるさとは香港なのです。

『この青空の下で』

プノンペン日本人学校（カンボジア）中一　林《はやし》　優《ゆう》輝《き》
（海外滞在年数一年四カ月）

「キリングフィールドに行きたい。」

　僕の叔母は、朝ご飯を食べている時にそう言った。今年のゴールデンウィークに、はるばる日本からやって来たのだ。キリングフィールドとは、プノンペンの南西約十五キロのチュンエク村にある大量虐殺地だ。ポルポト政権下、クメール・ルージュたちに、人々はここに運ばれてきて処刑され、遺体は村の百二十九箇所に埋められたという。この場所は想像しているより怖い場所と聞いていた。だから、僕は行きたくなかったし、

「行かない」

と返事をした。

　だが、僕の叔母は、

「ここに行けばとてもいい経験になるよ。」

と誘ってきた。僕は悩んだ。確かにキリングフィールドに行けばいい経験になるだろう。

　しかし、大量虐殺地と聞いて行きたいと思えるほど、僕は強くない。でも、僕がここで過ごすのもあと二年。その後は日本に戻る予定だ。せっかくカンボジアにいるのに、行かないのはもったいない気もする。僕は悩んだ。

……行こうっ怖いけど、行かなければならない気がする。

僕は、僕が今平和に生活しているこの地の歴史を、知らなければならない。いったい何があって、どんな犠牲をもとに今があるかを知らなければならないと思った。

「やっぱり、行くよ。」

しっかり勉強してこよう。

朝ご飯を食べ終え、テキパキと出かける準備をし、叔母が準備を終えるまで待っていたがなんだかそわそわした。外に出ると、いつもと同じように暑かった。刺すような日差しのなか、トゥクトゥクという小さな屋根付きの三輪自動車に乗り、いつもと同じように揺られた。いつもと同じ道から、知らない道に入った。少し不安になった。一時間。到着した。トゥクトゥクから降りた瞬間、そこはまるで違う世界だった。

青々とした芝生が、広がっている。きれいだ。見渡していると僕の目の前には、骸骨。どきっとした。僕はまだ見たことのない光景だった。すぐにでも目をそらしたかった。でも、そらしてはいけないと感じた。叔母と一緒にそれを通り過ぎて、まず見えている記念碑に向かった。記念碑には、何個も何個も積み重なる骸骨がいた。ひとつひとつ、目を合わせた。ひとつも笑っていなかった。とても怒っていた。

たくさんの怒りを感じたあと、不思議と、「怖い」という感情はなくなっていた。さらに先を見に行った。フィールド内には日本語の音声ガイドもあり、説明を聞きながら見て回ることができた。キリングフィールドには昔カンボジアで起こった大量虐殺で亡くなった人の骨が保管してある。僕が初めに見たのも、記念塔にあったのも全部、それだ。地面には、骨や衣服、靴など虐殺された人のものがまだ埋まっていて、雨季になると、激しい雨で土が流され、中に埋まっている骨が見えることもあるらしい。

さらに、ここは骨が保管されているだけではなく、大量の人が殺された場所でもあったそうだ。同じ、人間によって。僕はそれを聞いた瞬間、動けなくなった。なぜ。人間同士で、しかも同じ国の、言葉の通じる人同士でそんなことが起こってしまったのか。

当時、殺され、流人の対象になったのは、メガネをつけている人や賢い人、外国語が喋れる人だった。知識人は他国とのつながりや反逆の先導者となる可能性があると考えられ殺されたそうだ。そして、その復讐を恐れ、家族さえも殺された。何も悪いことをしていない、罪のない人たちが殺された。しかも、普段から使っているスコップや農作業具で殴り殺されたそうだ。この時、銃弾などは高価だったらしい。だからか、普段から使っている道具を凶器に変え、何度も痛みを与え、そして、殺した。一日に何人もの人たちが目隠しをされ、トラックで運ばれてきた。一日に数百人の命が消えた。

僕は信じられなかった。想像もできなかった。僕と同じ人間にしていたことを。想像もできなかった。いや、想像したくもなかった。日本人の僕にも優しくしてくれるカンボジアでこんなことが起こっていたなんて。僕は許せなかった。

僕はキリングフィールドで、虐殺から逃れた人に会った。その人は今も「こんな事があったからもう絶対あってはならない」、「もう繰り返さない」と言っていた。とても真剣だった。強い人だと思った。さらに、そこには日本人の観光客もいた。僕は、「ここまで来てくれて、ありがとう。」と思った。

帰る時に、慰霊塔にお祈りをした。こんなに近くで、こんなに多くの骸骨を見たのは初めてだった。ここは、とても悲しい場所だった。でも美しい場所だった。

今回、キリングフィールドにきて思った事があった。それは、二度とこのような事があってはならないということだ。人が故意に人の命を奪うことを、絶対に許してはならない。僕は今、「世界に生きる人々のために、地球のために、何かしたい。」と強く思っている。それは、今僕が住むカンボジアの過去を見たからだ。戦争や紛争で大切な命がなくなっていくことを止めなければならない。戦争なんてしている場合ではない。僕のすぐ近くには今も生活に苦しんでいる人たちや、人々を、地球を守りたいと思っている人たちがいる。その人たちの言う通りだ。世界中の人たちに伝えたい。今、地球がピンチだ。

地球を、人々を救うためにはどうすればよいか。命の価値を知るだけではないのだろうか。原因を追究し、互いの言い分を尊重し、妥協点を見つけ、実行すればいいのではないのだろうか。自分の欲望を少しだけ、我慢すればいいのではないだろうか。カンボジア大量虐殺の裁判は、驚くことに日本が協力していたそうだ。つまり、戦争や紛争がなく、ひとりひとりの命が大切にされるためには、世界中が協力し合い、人と、人の生きる地球を守ることが大切なのだと思う。

命が大切にされる世界をつくるために、今の僕にできる事は、二つあると思う。一つ目は、歴史を伝えることだ。学校の友達に「カンボジアではこんな事があったんだ」と教えてあげること。カンボジアの子どもたちに教えてあげること。日本に住む知り合いに、知らない人に、教えてあげること。カンボジアでの悲劇をカンボジア人は絶対に知っておくべきだ。でもそれは、カンボジア人に限らない。僕が感じたのと同じように、きっとこの話を聞いた人たちは思いをめぐらせてくれる。だから、僕は、伝えられる人全員に、伝えていきたい。それだけで地球が少しずつ変わっていくと思う。

二つ目は、SDGsに取り組むことだ。命を守るには、私たちが生活する地球の自然環境をよりよく、そして、全員が生きやすい環境をつくらなければならない。僕は今、プノンペン日本人学校のみんなとSDGsに取り組んでいる。リサイクル活動を行ったり、植物をたくさん植えたりと、自然を守ろうと努力している。さらに、クラスでは、五番目の目標である「ジェンダー平等を実現しよう」について研究を進めている。僕は、格差のない社会こそが命が守られる秘訣なのではないかと思い始めている。こんな小さな一歩がカンボジア、世界を変えていくのではないのだろうか。

僕はこの日、キリングフィールドに行って良かったと思う。この場所は、とても美しかった。カンボジアはきっと、世界一平和な国になるだろう。僕を生かしてくれているカンボジアが、この悲しい場所を、そして乗り越えた歴史を大切に、もっともっと平和になりますように。

『起爆剤としての役割』

深圳日本人学校（中華人民共和国）中一　小《お》澤《ざわ》莉《り》音《のん》
（海外滞在年数十年二カ月）

私の海外生活は今年で11年目に突入します。私は生まれてすぐにベトナムに移り、コロナ禍で日本に帰るまでの9年間をベトナムで過ごしていました。日本は私にとって母国ですが、ベトナムを訪れるとなつかしさを強く感じ、ああ、戻ってきた、という思いにかられます。日本には2年間住んでいましたが、ベトナムや旅行で訪れた国々との違いをたくさん発見することができたと思います。その違いと私が感じたことをこの作文に書いていこうと思います。

まずは家族についてです。ベトナムは鉛筆のように細長く4階か5階ぐらいの建物に家族三世帯ぐらいで住むことが一般的です。おじいさん、おばあさん、息子夫婦とその子ども達が一緒に暮らしています。ベトナムでは女性が外で働くことは当たり前のことなので、お嫁さんが会社に行っている間はおじいさん、おばあさんが孫の面倒を見ます。幼稚園や学校、塾への送迎もおじいさんおばあさんの仕事です。私が友達の家にお泊まりに行った時も、三世帯で生活していました。ご飯を作ることも、誰がやると決めるのではなく、手の空いている人が作ったり、仕事先まで送って行ったり、その間に家のことを誰かがしたりとみんなできることをして、支え合い、そういう姿が素敵だと思いました。日本は核家族が主な暮らし方だと思います。クラスメートでも祖父母と住んでいるという人は一人だけでした。核家族も大家族もそれぞれの良さがあると思いますが、私は小さい頃からそうした様子を体験して慣れているので、大人数で暮らし助け合うという家族の絆が強くなるような気がして好きです。

二つ目は宗教についてです。ベトナム人は宗教を大事にしていると感じました。ベトナムの仏教では数カ月に一度の割合でお参りに行く日というのがあるようです。私の住んでいた家のそばにも有名なお寺があり、そのお参りの日は仕事が終わる夕方あたりから、道がだんだんと混み、夜の7時ぐらいから大渋滞となります。幅3メートルほどの幅の細い道路ですが、行き来をするバイクで動けなくなります。渋滞も解消するまで何時間もかかります。排気ガスが充満して息苦しかったり、クラクションがあちこちで鳴り、赤ちゃんが泣いていたりと見ていても大変さが伝わってきます。しかし、それでも決まった日は必ずお寺に行くのです。私は小さい頃からずっと全世界共通で数カ月に一度はお参りに行くものだと思っていたので、日本に帰ってきた時に、お盆とお正月ぐらいにしか行かないことに驚きました。それでも行っている方だと祖母は言います。同じ仏教を信じているのに、国が違うとその理解の仕方や方法も違うということが不思議です。仕事終わりでも出かけていく、ベトナム人の信心深さに感動します。

三つ目はお持ち帰り文化についてです。日本は衛生的な問題を重要視するため、レストランで食べ残しても、持ち帰ることを断られることがほとんどです。ベトナムは反対に、残したものは持ち帰ることがほとんどです。食べ物を大切にするという良いことだと思いますが、プラスチック容器やビニール袋をたくさん使います。以前旅行に行ったタイもフルーツやコーヒーをビニール袋に入れる習慣があります。日本ではまだ食べられるのに捨ててしまい、ベトナムは食べ物を捨てる事を悪いこととし、たくさんの容器や袋を使って持ち帰ります。どちらも問題があると思います。この問題についてはいつも解決策があるのではないかなと両方の国を見て思います。

四つ目は水について驚いたことを書きたいと思います。私の住んでいた家は周囲17キロという大きな湖の目の前でした。そこで魚を釣って持ち帰ったり、近くの市場で売ったりする人もいます。あまりきれいな湖ではありませんが泳いでいる人もいます。ある日父が朝ランニングから帰ってきて、「大変だ!」と言いながら写真を見せてくれました。そこにはなんと湖の魚が全部死んで浮かびあがり、大変なことになっている様子が写っていました。びっくりして外に出てみると、やはり何万、何十万という魚があお向けに浮かんでいて、腹の色の銀色で湖がうめつくされてしまいました。どうやら工場汚水か何かが湖に流され、一晩で一斉に魚が死んでしまったようです。軍隊が出て、2週間ぐらいずっとその処理をしていました。湖の周りの道は魚臭い場所があったり、通行止めになったりして、私も学校へ通うのに違うルートで通いました。しかし、中には魚を楽に採れると喜び、市場に売りに行く人もいたようです。何も知らないで買う人はそれを買うことになります。自分の利益だけを考えている人たちがいるのです。日本で同じことがあると思いました。日本でも安全だと言って、原発の処理水を海に流そうとしています。ベトナムの自分達の工場のことしか考えない人たち、魚を売って利益を得ようとしている人たち、大惨事を起こしたのに、その責任を海に流して済まそうとしている人たちがいます。自分の利益だけを求め、人々を不安に陥れることが世界のあちこちで起こっていることにどうにかしないと、地球がどんどんダメになっていくと残念な気持ちになりました。ベトナムでの衝撃的な思い出は、その魚が一斉に死んで浮かんでいたことです。その時のにおい、湖の異様な赤茶色のその光景はいまだに目に焼き付いています。水については別の思い出もあります。私は日本に本帰国するまで水を買っていました。なぜなら、日本のように水道水が飲めないからです。近隣のタイやラオス、シンガポールもそうでした。どのぐらい汚いかというと、白い服やタオルは洗濯する度に、どんどんグレーになっていきます。ですから私も私の家族も白い服を海外では着ません。私はいつも色のついているものを着ていたので、日本に帰って初めて真っ白なポロシャツ、Tシャツを買ってもらいました。それはおしゃれを楽しみたい私にとって、とても新鮮なことでした。白い服が着られる、それだけでワクワクしました。母もまた日本の水を楽しんでいました。ベトナムで使っていたタオルを洗濯する度に、白さが戻ってくるのです。例えば、見えなくなっていた星模様が洗濯する度に浮かび上がってきたのには母と二人で驚き笑ってしまいました。母は白系のものや少しグレーがかったものを探しては洗濯をして、その白くなった過程を実験し楽しんでいました。それだけを見ても、日本の水は素晴らしいものであり、その技術は最高だと思いました。

　水は人類にとってかけがえのないものであり、限りのあるものだと思います。国による考え方の違いから、扱い方の違いなどいろいろですが、日本のように飲める水を作ることがまずは大切だと思いました。しかし、ベトナムや近隣の国のようにその技術がない国もあります。生物が生きていく上で水は最も重要だと思います。魚の件があって以来、常に思います。したがって、どこの国に行っても水は常に浄化され、きれいで飲めることが大切であり、日本もその技術をおしみなく共有するべきだと思いました。

　まとめとして、家族や宗教、食文化や水について色々感じたことに触れてきましたが、それぞれの国には文化や習慣の違いがあり、よいところや課題もあります。どの国が良い悪い、というのではありません。それぞれの国の素晴らしいところを持ち寄り、知恵を出し合い、高めあっていくことが大切だと思います。では、自分は今から何をどのようにすればよいのか、ということを考えた時に、おそらく貴重な経験をしている私はそれぞれの国の文化を体験し、よいところを発信していくことだと思いました。そして、日本に帰ってもそういうことを発信できる良い起爆剤のような存在になることだと思いました。したがって、これからも海外にいるという貴重な経験を日々楽しみたいと思います。

『カナダと日本の食文化について』

オタワ補習授業校（カナダ）中一　曽《そ》根《ね》　さくら
（海外滞在年数六年三カ月）

　小学一年生でカナダに移住してきた時、私はクラスメートが食べていたランチにとても驚いた。彼らがランチとして食べていたものは、ぬるくなったヨーグルト、ポテトチップス、クッキー、ハムしか入っていないサンドウィッチなどだったからだ。低学年のころはそれを見て、お菓子がランチなんて最高！　野菜を食べなくてい

いなんてうらやましい、と思っていた。私はみんなと同じ様なランチが良かったので、母に、

「おにぎりはいらないよ。代わりにチップスやお菓子を入れてほしい。」

と、頼んだこともあった。しかし、学年が上がってくるにつれ、

「あんなに不健康なものを毎日食べて大丈夫なのだろうか。」

と、だんだんクラスメートを心配するようになった。私は、ちょっとお菓子を食べすぎたなぁと思った次の日は、お腹を壊すことがよくある。野菜を食べなければ、排便もなく、辛い。カナダ人は大丈夫なのだろうか。彼らのランチは冷たいものばかりだし、量が少ない。野菜もないし、水分はジュース。糖分・塩分が多く不健康なものばかりだ。友達に、

「ねぇ、ランチってそれだけで足りる？　おやつと同じだよね？」

と、言ったこともあった。しかし友達は、

「え？　普通じゃない？　他にどんなランチがあるの？」

と、なんでそんなことを聞くのだろうと言わんばかりの、不思議そうな顔をした。


私はかつて日本の保育園で毎日食べていた給食を思い出した。温かく、いろどりが綺麗。味付けも上手でもちろん美味しかった。家で苦手だった野菜も、保育園ではペロリと食べられた。季節限定のメニューだってあった。また、私は昨年春から半年間日本に帰国していたのだが、その時にも、よく考えられたメニューや温かいまま配ぜんされる学校給食に改めて感動したのである。

そこで、海外に住んでいる私から日本のみなさんに、日本の給食がどんなに素晴らしいかを改めて伝えようと思う。日本がいかに素晴らしい食育を進めているか、日本のみなさんは、その食育のなかでどんなに恵まれているかということに気付いてもらえたらとてもうれしい。理由はいくつもあるのだが、今回は三つにしぼって説明をしようと思う。

まず、日本の給食が素晴らしいのは、「美味しい」という一言に尽きることだ。その理由として一番に挙げられるのは、食事が作りたてで温かいことだ。多くの学校は校内に給食室があり、そこで職員が素材を一から調理している。そのため生徒は、出来立てを食べることができる。学校によっては給食センターから食事を受け取っているところもあるようだが、その場合にも温度管理はしっかり行われている。それだけではなく、メニューには

旬の新鮮な食材が使われている。例えば、春にはたけのこや菜の花が給食に登場する。季節の野菜を使うことで、給食の見た目は綺麗に、食感も良く、より美味しいと感じるようになるのである。

二つ目の理由は、栄養バランスが整っていることだ。献立は文部科学省が定めた「学校給食摂取基準」を基に、栄養のバランスを考え、様々な食品を適切に組み合わせて献立が作成されている。さらに子供たちの健康状態や各地域の実情、家庭における食生活の実態なども把握しながら栄養職員という専門家が献立を作っているのである。また、地域でとれた農産物、水産物を学校給食に取り入れているので、子供たちの「地産地消」についての理解も進む。新鮮で安全な地元の農水産物を生かした学校給食のメニューを食べれば、子供たちは自分たちの住んでいる地域の自然や食文化などを学び、生まれ育った土地への愛着を深めることができるのではないだろうか。同時に生産にたずさわる人々の苦労を身近に感じて、食べ物への感謝の気持ちも育まれていくと思う。

三つ目の理由は、学校給食にお正月やひな祭り、七夕など日本の年中行事に合わせた伝統的な食事を取り入れているということだ。私が昨年通った小学校では、七夕の日に七夕ゼリーが出た。水色の天の川を連想させるソーダ味のゼリーの上に、フルーツや星型の寒天が入っている。見た目も可愛いし、味も美味しかった。日本では伝統的な行事の際には、季節の産物を用いて行事食を作り、お供えをし、お客さんをもてなしてきた。行事には、家族の幸福や健康への願い、自然の恵みへの感謝の思いが込められている。行事や行事食が地域の人々の生活の中で生み出され、暮らしと共に今日まで受け継がれてきたことを、子供たちは学校給食を通して理解することができる。

さらに、郷土料理の給食メニューは沖縄の琉球料理だった。クファジューシー（沖縄チャーハン）・ゴーヤチャンプル・イナムドゥチ（沖縄豚汁）・黒蜜寒天だった。夏野菜のゴーヤは苦いのであまり好きではなかったが、この時に食べたゴーヤは教室でクラスメートと食べたこともあり美味しく感じた。郷土料理とは、祖先たちが四季折々の自然の恵みを大切にして、その土地に合わせて元気に生き抜くために知恵をしぼり工夫を重ねて生み出されたものだ。日本滞在中は沖縄へ旅行に行き本場の沖縄料理を食べたので、この給食を食べた時に、より郷土料理への考えを深めることができたと思う。このように日本では、学校給食をより質の高い、かつ子供も楽しめるようにするために様々な工夫がされている。

カナダでは好きな食べ物をランチとして持ってきて良いことになっているが、親が時間をかけて作ってくれたとしても、冷たくなっていることがほとんどで、とても残念だ。私はカナダにも日本のような給食制度ができたらどんなに良いかと思う。みんなで同じ物を食べることで好き嫌いを減らすこともできるかもしれないし、フォークやナイフ、お箸の使い方などのマナーも覚えることができるだろう。日本のみんなが当たり前にしている、子供たちが自ら配膳をして食べ終わった皿を片付ける、教室のそうじをすることなどは、私たちが生活していく上で身につけなければならない生活スキルである。おいしく健康的な食事を食べることができ、さらに生きていく上で大切な習慣や知識を身につけられることこそ、日本の学校給食の素晴らしさだと思う。

『マリアンナ』

デュッセルドルフ補習授業校（ドイツ）中二　佐《さ》伯《えき》果《か》音《のん》
（海外滞在年数十三年四カ月）

「同じランドセル！」

小学校の入学式で、突然話しかけてきた女の子。ブロンドの髪で透き通るような綺麗な青い目をしている。その時から今でも大好きな親友のマリアンナ。ドイツのランドセルは形も色も自由なので同じ人を見つけるのは大変だ。同じクラスの隣の席の子が同じ趣味を持っている。それだけで私達が仲良くなるには十分な理由だった。マリアンナはロシア人で日本が大好きだ。私もロシアの話をよく聞いていて、いつかお互いの国に一緒に遊びに行こうと話していた。

二〇二二年二月二十六日、ロシアのウクライナ侵攻。学校ではその戦争についての特別授業がありマリアンナはその授業中にずっと浮かない顔だった。意見交換の場でも、彼女は一言も話さなかった。私も一言も話さなかった。私の一言でマリアンナを傷つけてしまうのではないかと思い、簡単には発言できなかった。そして授業の後も、彼女になんて声をかけていいのか分からなかった。

戦争が始まってからマリアンナのたくさんの友人達は召集令状が来てロシアへ帰って行った。その頃には私たちも戦争の話をしたりロシアでどんなことが起きているのか、彼女から聞くことも多かった。

「お父さんいなくなったら、私どうしたらいいの……。」

と言う彼女に私は、
「安心して、大丈夫だよ。」
と励ましたりしていた。目の前にいる彼女もまた違う場所で戦っているのだ。

　ロシア人というだけで街中で攻撃されているニュースを見て、マリアンナを心配した彼女の母はしばらく外出を制限させていた。そんなマリアンナの母はウクライナからドイツやベルギーへ避難した人たちの支援をしていて、私の母も私の小さくなった服などを寄付していた。それでもそんな彼女達に暴言を吐く人もいたそうだ。

　八月にドイツに避難した二人のウクライナ人がクラスに転校してきた。ウクライナ語とロシア語は似ているため、ロシア人のマリアンナがサポートをすることになった。彼女は仲を深めるのに一生懸命だった。初めはギクシャクしていたが、今では他のクラスのウクライナ人とも仲良く話すようになった。きっと最初は心の中に何か葛藤があったと思う。でも国同士が戦争をしていても人と人は友情を築くことができると改めてそれを知ることができて嬉しかった。

　私にも似た経験がある。新型コロナウイルスが流行した時だ。アジア人の私にコロナにかかりたくないから違うところに行け、と言う人がいた。公園で遊んでいるアジア人に砂をかけ、公園から追い出した、という話も聞いていた。そんな中でも変わらず仲良くしてくれた友人がたくさんいた。マリアンナもその一人だ。だから私はマリアンナの助けになりたいと思った。でも話を聞くことしかできなかったから今度も何か問題があったら助けになれたらいいなと思う。

　戦争はどうして起きるのだろう。人の命を犠牲にしてまで手に入れるほどのものなのか。勝利によって生まれる「平和」の裏には国民の犠牲がある。それは本当に勝利と言えるのだろうか。だからどんな理由であっても、戦争をしてはいけないと私は思う。

　一日も早く戦争は間違っていることだと気付いて欲しい。戦争が終わって、いつかマリアンナが言っていた自然がたくさんで美しいロシアに一緒に行ける日が来ることを願う。

『友と師の言葉の力そして分かち合う心』

グアダラハラ補習授業校（準全日制）（メキシコ）中三　小《こ》林《ばやし》　凛《りん》
（海外滞在年数五年九カ月）

私の新天地は、ここメキシコのグアダラハラです。三ヵ月を過ぎたところです。メキシコ行きを両親から伝えられた時、私は頭が真っ白になりました。友達と離れるようになることや受験することができなくなること等、日本が大好きだった私にとっては、一度に沢山のことを考えなければならない出来事でした。

　とは言っても、私は将来留学したり海外に住んでみたいという願望はあったので、少しの不安はありましたが、前向きにメキシコに行くことを考えることができました。そして楽しみでした。

　友達との暫しの別れはとても辛いものでしたが、新しい視点で考えれば、色々な国の友達ができ、スペイン語と英語の両方で喋ることができるようになるのだと思い、メキシコへの興味が湧き、離陸後の機上では夢が膨らみました。

　到着後二日目、在住の皆さんにお会いすることができました。皆さんのお話を聞いていたら、その方々には申し訳なかったのですが、急に涙が込み上げてきて、友達がとても恋しくなってしまいました。私は急いで他の部屋に移動すると、涙があふれてきました。そして、友達に泣きながら電話をしました。

　今思い返すと、私にとってあの時が人生で一番泣いたひと時でした。どうしてあんなに泣いてしまったのか分かりません。でも、飛行機に乗った後も友達と離れてしまうことへの実感を持てないままに、メキシコに到着した私が、あの時、海外に来たことをやっと現実のことと思えたからなのだろうと気づきました。

　ずっと泣いている私に

「大丈夫だよ。大丈夫。」

と言い続けてくれた友達には感謝の気持ちでいっぱいです。改めて友達という存在の大きさを感じました。そして、これからも大切にしていこうと思いました。

　一か月が過ぎ、やっと色々な手続きが済んで、学校に通うことができるようになりました。幼い頃にフランクフルトの現地校に通って勉強したことがありましたが、アメリカンスクールに通学するのは初めての経験です。もちろん英語で授業を受けることもすべてが私にとっては初めてづくしの事ばかりです。

出国前に本格的に英会話の勉強を始めて、話すことに少し自信を持ち始めたところでした。ちょっぴりですが自信を持って、勝手な想像でしたが、アメリカンスクールで流暢に話をして、友達がたくさんできるだろうなど今思うと恥ずかしくなりますが、大きな期待を持っていました。

しかし、現実は予想以上に甘くはありませんでした。優しく話しかけてくれるものの、聴き取ることが難しく、海外に住んだことがある誰もが体験したことがある言葉の壁に、私も見事に直面してしまいました。私の自信が崩れてしまいました。自信過剰だったことを反省しました。そしてどんどんネガティブになっていく自分を感じながら学校に通いました。授業を殆ど理解できず、一日中涙を堪えて我慢する日々はとても辛いものです。早朝に車の窓越しにアメリカンスクールが近づいて来るのが見えると何も言えないため息が出てしまう私でした。

私はもう　生英語もスペイン語も喋れるようにならなくていいから、一刻も早く日本に戻り日本語を使った生活で楽に生きていきたいと思ってしまいました。私には、英語なんて最初から無理だったんだと完全に落ち込み投げやりになってしまったのでした。

そんな私を見守っていて下さったのか、ある日、アメリカンスクールの先生が翻訳機を使って私に、

「あなたは、完璧を目指そうとしているの？　そんな必要はないです。また完璧でなくてもあなたは少しずつ成長している。誰でも最初は完璧になどできない。リラックスして授業に参加できればそれで充分。」

と私を慰めてくれたのです。

私は落ち込んでいた自分が恥ずかしくなりました。まだ始まったばかり！最初から諦めてしまったら、これでもう私の挑戦が終わってしまう。

「そんなことでいいのか？」

自分に問いかけました。

「こんなことでは駄目だ。私ならきっとゴールまで走り続けられる！」

と思うことができました。

それから私は、自分の中の完璧主義という考えを捨てて、急がず自分が出来ることを少しずつ成長して行こうと考え方をさらに増やそうとしました。

同時に通い始めた補習授業校のクラスメートが、スペイン語やメキシコの文化について詳しく教えてくれます。私がクレープの注文の仕方を教えて欲しいとお願いすると、彼はホワイトボード一面に、まるでスペイン語の先生のように、とても熱心に、私がきちんと言えるよ

うになるまで丁寧に優しく教えてくれました。

　後日、私は彼に教わった通りに注文してみました。欲しかったものをちゃんと注文して受け取ることができた事を報告すると、我が事のように喜んでくれました。

　私は最初から諦めないで良かったと思いました。今まで私は日本に帰りたいとしか考えていませんでした。最も身近にいる、メキシコの素晴らしい人々に気づいていなかったのです。はっとしました。私は素敵な人達に囲まれていたのです。感謝の気持ちが込み上げました。大切な、とても大切なことに気づいたのです。

　何をするのにも意味を感じることができず頑張ることができなかった日もありました。慣れない生活に疲れて泣いてしまった日もありました。でも、今、自分がここに居ることと、すべての経験があったからこそ、これからの自分の生き方がどんどん広がりを持ったものになっていくのだと思えるようになりました。辛くなることはこれからも幾度もあることと思います。でも、少しではありますが成長した自分に会うことができたし、海外生活を通して私の世界を広げることができるように頑張りたいと思います。

　いつか、私の十五歳の体験を友達に明るい笑顔で伝えたいと思います。今度は感動の涙をあふれるほど。

「作文」の部
「佳作入選者」一覧
67名

《小　一》
萬井　清乃　ハートフォード補習授業校
脇坂　朋尚　ベルリン補習授業校
大皿　美来　韓国・ブンダン日本語補習授業校

《小　二》
大塩　遥生　デュッセルドルフ補習授業校
マイスナー　千代　デュッセルドルフ補習授業校
有澤　結香　ロンドン補習授業校
玉井　柊　ロンドン補習授業校
菱田　葉月　ロンドン補習授業校
和泉　絢子　イーストテネシー補習授業校
中山　丈士　クリーブランド補習授業校
伊久美　潤　北東イングランド補習授業校
前川　七海　ウェールズ補習授業校
上田　大守　ニューヨーク育英学園サタデースクール（ポートワシントン校）
金正　和乃薫　サンフランシスコ補習授業校（サンノゼ校）
中村　日向子　ソウル日本人学校
門元　彩万理　個人応募（ジョージア在住）

《小　三》
川原村　真弘　クールキッズプレスクール
今田　穂乃花　ボストン補習授業校
小田島　留理　デュッセルドルフ日本人学校
瀬戸　日莉　ウェールズ補習授業校
根本　キノン　ティルブルグ補習授業校
中村　芽維　オタワ補習授業校
ミラー　彪吾　オタワ補習授業校
モンクマン　寛熙　オタワ補習授業校
能登　大賀　ニューヨーク育英学園サタデースクール（NJ校）
武智　理紗　ロサンゼルス補習授業校（サンタモニカ校）
山下　礼　カンタベリー補習授業校

《小　四》
王　媛一　デュッセルドルフ日本人学校
原　ありす　ジッダ日本人学校
本嶋　泉海　ダービーシャー補習授業校

塩月陶子　シアトル補習授業校
大杉　葵　サンフランシスコ補習授業校（サンノゼ校）
弦巻七実　トロント補習授業校
栗原志温　ティルブルグ補習授業校
ヘガー未彩　ケルン補習授業校
髙麗花絵　キャンベラ補習授業校
南里　サフィア　ニューヨーク育英学園サタデースクール（ポートワシントン校）
齋藤多慧　韓国・ブンダン日本語補習授業校
小林　春　デュッセルドルフ補習授業校

《小　五》

廣田愛梨　サンフランシスコ補習授業校
加藤まな　サンフランシスコ補習授業校（サンノゼ校）
内山一志　セントラルケンタッキー補習授業校
倉橋孝四郎　ヒューストン補習授業校
ベンツ怜音　デュッセルドルフ補習授業校
新村舞雪　デュッセルドルフ補習授業校
横山直輝　デュッセルドルフ補習授業校
鈴木亜優　デュッセルドルフ補習授業校
興梠太陽　デュッセルドルフ補習授業校

《小　六》

石川　凛　サンパウロ日本人学校
小田島美遥　デュッセルドルフ日本人学校
ヤンゼンフリッシュ　ゆり彩　デュッセルドルフ補習授業校
古池明紗　シカゴ補習授業校
島田蘭奈　サンフランシスコ補習授業校
松井　ディシニ　モモ　サンフランシスコ補習授業校（サンノゼ校）
梅本紗英　天津日本人学校
福原　希　広州日本人学校
ドーティー　ソフィー　ダービーシャー補習授業校

《中　一》

荻原　光　デュッセルドルフ補習授業校

《中　二》

林　真友子　ロンドン補習授業校
森　直寛　フィラデルフィア補習授業校
服部拓未　フランクフルト日本人学校
三宝隼人　デュッセルドルフ補習授業校
弦巻夕望　トロント補習授業校

《中　三》

松浦愛大　ウェールズ補習授業校
松本菜那　デトロイト補習授業校
小谷埜恵　ダービーシャー補習授業校
寺田晴香　カラチ日本人学校

第44回 海外子女文芸作品コンクール「応募点数内訳」

部門	学校種別	学年別応募点数内訳									合計
		小1	小2	小3	小4	小5	小6	中1	中2	中3	
詩	全日校	137	204	121	107	61	56	495	34	20	1,235
	補習校	96	139	268	148	171	106	252	80	61	1,321
	個人他	19	31	21	19	29	16	9	2	1	147
	小　計	252	374	410	274	261	178	756	116	82	2,703
短　歌	全日校	37	57	58	459	145	799	107	682	270	2,614
	補習校	18	87	273	265	265	917	251	498	245	2,819
	個人他	11	30	51	65	79	31	26	36	13	342
	小　計	66	174	382	789	489	1,747	384	1,216	528	5,775
俳　句	全日校	178	392	1,482	883	2,027	651	274	522	689	7,098
	補習校	163	488	1,277	1,479	1,897	1,141	686	632	756	8,519
	個人他	245	166	169	173	224	86	99	83	78	1,323
	小　計	586	1,046	2,928	2,535	4,148	1,878	1,059	1,237	1,523	16,940
作　文	全日校	47	93	73	96	70	100	64	64	60	667
	補習校	67	278	258	251	153	166	98	109	95	1,475
	個人他	11	116	84	86	80	51	28	18	16	490
	小　計	125	487	415	433	303	317	190	191	171	2,632
合　計	全日校	399	746	1,734	1,545	2,303	1,606	940	1,302	1,039	11,614
	補習校	344	992	2,076	2,143	2,486	2,330	1,287	1,319	1,157	14,134
	個人他	286	343	325	343	412	184	162	139	108	2,302
	小　計	1,029	2,081	4,135	4,031	5,201	4,120	2,389	2,760	2,304	**28,050**

第44回 海外子女文芸作品コンクール「各賞選出数」

部門＼賞	文部科学大臣賞	海外子女教育振興財団会長賞	後援・協賛者賞	特選	優秀	佳作	合計
詩	1	1	9	3	20	47	81
短　歌	1	1	9	3	16	39	69
俳　句	1	1	9	3	57	137	208
作　文	1	1	9	3	23	67	104
合　計	4	4	36	12	116	290	462

《後援・協賛者賞の内訳》（協賛順）

1．日本放送協会賞　2．JFE21世紀財団賞　3．東京海上日動火災保険賞
4．日販アイ・ピー・エス賞　5．日本児童教育振興財団賞　6．クラーク記念国際高等学校賞
7．アイ エス エイ賞　8．早稲田アカデミー賞　9．サピックス・代ゼミグループ賞

シアトル補習授業校
JCS日本語学校シティ校補習授業校
シカゴ補習授業校
シドニー補習授業校
シャーロット補習授業校
ジュネーブ補習授業校
シンガポール補習授業校
シンシナティ補習授業校
ストックホルム補習授業校
成都補習授業校
セントラルケンタッキー補習授業校
セントルイス補習授業校
ダービーシャー補習授業校
台北補習授業校
ダハラン補習授業校
ダラス補習授業校
チェンナイ補習授業校（準全日制）
中部テネシー補習授業校
チューリッヒ補習授業校
チュニス補習授業校
ティルブルグ補習授業校
デトロイト補習授業校
デュッセルドルフ補習授業校
テルフォード補習授業校
トリド補習授業校
トリノ補習授業校
トロント補習授業校
南京補習授業校
西大和学園カリフォルニア校（補習授業校）アーバイン校
西大和学園補習校
ニュージャージー補習授業校
ニューポートニュース補習授業校
ニューヨーク補習授業校
ニュルンベルグ補習授業校
ノースミシシッピー補習授業校
ノールパドカレー補習授業校
ハーグ・ロッテルダム補習授業校
パース補習授業校
ハートフォード補習授業校
バーミングハム補習授業校
ハイデルベルク補習授業校
バトンルージュ補習授業校
ハリファックス補習授業校
バルセロナ補習授業校
バンクーバー補習授業校
ハンツビル補習授業校
ピッツバーグ補習授業校
ヒューストン補習授業校
フィラデルフィア補習授業校
フィレンツェ補習授業校
プノンペン補習授業校
フランクフルト補習授業校
プリンストン補習授業校
ペナン補習授業校
ペラ補習授業校
ベルリン中央学園補習授業校
ベルリン補習授業校
ポート・オブ・サクラメント補習授業校
ポートランド補習授業校
北東イングランド補習授業校
ボストン補習授業校
ホノルル補習授業校
香港補習授業校
マーストリヒト補習授業校
マイアミ補習授業校
マッカーレン補習授業校
マドリッド補習授業校
マンチェスター補習授業校
南インディアナ補習授業校
ミネアポリス補習授業校
ミネソタ補習授業校
ミュンヘン補習授業校
モンテレー補習授業校
モンペリエ補習授業校
ユタ補習授業校
ヨークシャーハンバーサイド補習授業校
ラスベガス補習授業校
リスボン補習授業校
リッチモンド（VA）補習授業校
ルクセンブルグ補習授業校
レンヌ補習授業校
ローマ補習授業校
ロサンゼルス補習授業校（オレンジ校）
ロサンゼルス補習授業校（サンゲーブル校）
ロサンゼルス補習授業校（サンタモニカ校）
ロサンゼルス補習授業校（トーランス校）
ロンドン補習授業校
ワイタケレ補習授業校
ワシントン補習授業校

◆私立在外教育施設等（22校）

アイオワ継承日本語教室
Alto日本語補習校
イスラマバード日本語クラブ
おひさま日本語教室
韓国・ブンダン日本語補習授業校
クールキッズプレスクール
サンジョゼフ校　日本セクション
STUDIO. S日本語教室
St Andrews International School Bangkok
DSC　International School
西大和学園カリフォルニア校
ニッポン塾
ニューヨーク育英学園（全日制）
ニューヨーク育英学園アフタースクール
ニューヨーク育英学園サタデースクール（NJ校）
ニューヨーク育英学園サタデースクール（ポートワシントン校）
ニューヨーク育英学園サタデースクール（マンハッタン校）
ニューヨーク育英学園サンデースクール
ニューヨーク育英学園フレンズアカデミー
パリ南日本語補習授業校
ひまわり日本語学校ゴールドコースト
ボストンインターナショナルスクール

＊配列は五十音順。

第44回 海外子女文芸作品コンクール「応募校」一覧

◆日本人学校（61校）

アスンシオン日本人学校
アブダビ日本人学校
アムステルダム日本人学校
イスラマバード日本人学校
ウィーン日本人学校
カイロ日本人学校
カラチ日本人学校
広州日本人学校
コロンボ日本人学校
サンパウロ日本人学校
サンホセ日本人学校
シカゴ日本人学校
ジッダ日本人学校
ジャカルタ日本人学校
上海日本人学校（虹橋校）
上海日本人学校（浦東校）
シラチャ日本人学校
シンガポール日本人学校（中学部）
シンガポール日本人学校小学部クレメンティ校
深圳日本人学校
ソウル日本人学校
蘇州日本人学校
大連日本人学校
高雄日本人学校
チカラン日本人学校
青島日本人学校
デュッセルドルフ日本人学校
天津日本人学校
ドーハ日本人学校
ナイロビ日本人学校
ニュージャージー日本人学校
ニューデリー日本人学校
ニューヨーク日本人学校
パース日本人学校
パナマ日本人学校
ハノイ日本人学校
パリ日本人学校
バルセロナ日本人学校
バンドン日本人学校
ハンブルグ日本人学校
ブエノスアイレス日本人学校
ブカレスト日本人学校
釜山日本人学校
ブダペスト日本人学校
プノンペン日本人学校
プラハ日本人学校
フランクフルト日本人学校
ペナン日本人学校
ベルリン日本人学校
ホーチミン日本人学校
ボゴタ日本人学校
香港日本人学校大埔校
ミュンヘン日本人学校
ムンバイ日本人学校
メキシコ日本人学校
ヤンゴン日本人学校
リオ・デ・ジャネイロ日本人学校
リマ日本人学校
ローマ日本人学校
ロッテルダム日本人学校
ロンドン日本人学校

◆補習授業校（132校）

アーモスト補習授業校
アデレード補習授業校
アトランタ補習授業校
アビジャン補習授業校
アムステルダム補習授業校
アリゾナ学園補習授業校
アンカラ補習授業校
イーストテネシー補習授業校
イスタンブール補習授業校
インディアナ補習授業校
ウェールズ補習授業校
ウェリントン補習授業校
エドモントン補習授業校
オークランド補習授業校
オースチン補習授業校
オーランド補習授業校
オスロ補習授業校
オタワ補習授業校
オハイオ西部補習授業校
オマハ補習授業校
カルガリー補習授業校
カンタベリー補習授業校
キト補習授業校
キャンベラ補習授業校
グアダラハラ補習授業校（準全日制）
グアナファト補習授業校
クイーンズランド補習授業校　ゴールドコースト校
クイーンズランド補習授業校　ブリスベン校
クリーブランド補習授業校
グリーンビル補習授業校
グレータールイビル補習授業校
ケルン補習授業校
ケレタロ補習授業校
ケント補習授業校
コロンバス（GA）補習授業校
コロンバス（OH）補習授業校
サイパン補習授業校
サンアントニオ補習授業校
サンクトペテルブルク補習授業校
サンジェルマン・アン・レイ補習授業校
サンディエゴ補習授業校
サンフランシスコ補習授業校
サンフランシスコ補習授業校（サンノゼ校）

▼編集後記

今年度は二万八千点以上の作品をご応募いただきました。新型コロナウイルスの影響は薄くなりつつあるものの物流が元に戻っているとはいえず、スキャナなどの機材をそろえることが難しい地域もあります。その中で昨年度以上の作品を応募いただいた皆様へ、この場をお借りして深く御礼申し上げます。

今年度の作品の特徴については各部門の総評をご覧ください。昨今の情勢が作品に影響を与えたことなどもあり、昨年度とはまた違った色彩を放っています。この機会に是非、二〇二二年（第四十三回）の『地球に学ぶ』もお手に取り、本書と読み比べて新たな発見をしてみてください。

＊

さて、本コンクールは「作文」、「詩」、「短歌」、「俳句」の四部門で実施しています。実は、全部門の応募作品すべてに触れることができるのは事務局のみです。審査をするわけではないのですが、スタッフの中で「推し」の作品を見つけるのはひそかな楽しみとなっています。自分の感性を自由な表現で綴っていたり、大人顔負けの語彙を持っていたりと、例年通り素晴らしい作品が多かったというのが事務局の総意です。毎年手書きの作品を読むことは「努力」のあとが伝わってきて非常に嬉しいものです。

ただ、作品の中には「もう一歩」と感じる作品も多くあります。「もう一歩」の理由にはいくつかあるのですが、今回は二点だけ紹介します。

一点目は最も多く感じた「誤字・脱字」の多さです。作品を読む上で「読みやすさ」は重要な点であり、それは読み手に内容がより正確に伝わることにつながります。「誤字・脱字」がない（少ない）作品は読みやすく、これを今までより重視することで「もう一歩」先へ進めます。

二点目は少し難しいのですが作品の終わり方です。途中まで非常に良い作品でも、終わり方で全体の印象が大きく変わります。今年は「起承転結」の「結」ではなく「転」で無理をし、「結」へのつながりが弱い作品が見受けられました。作品を「良くしたい」という気持ちが伝わってきますが、無理をするより「自分の言葉」で書くことがより良い作品につながります。

来年度も多くの作品をご応募いただけることを祈っています。

（講座・研修・コンクール事務局）

地球に学ぶ　第44回 海外子女文芸作品コンクール

発行日　令和五（二〇二三）年十二月十五日

発行所　**公益財団法人 海外子女教育振興財団**

〒105-0002 東京都港区愛宕一-二-四愛宕東洋ビル六階

☎〇三（四三三〇）一三四一

編集・制作　エ・デュース（E・Duce）

本文カット　ココア・スタジオ（Cocoa Studio）

印刷・製本　タナカ印刷株式会社